破产法文库
总主编 王欣新

译著系列
石静霞 主编

Jason J. Kilborn

COMPARATIVE CONSUMER BANKRUPTCY

个人破产法比较研究

[美] 杰森·J. 吉伯恩 著
徐阳光 李丽丽 译

法律出版社 LAW PRESS·CHINA
北京

著作权合同登记号
图字：01-2022-6226

作者简介

杰森·J.吉伯恩　Jason J. Kilborn

美国伊利诺伊大学芝加哥分校法学院（University of Illinois Chicago School of Law）教授，主要讲授破产法、商法以及民事诉讼法等课程，当选为国际破产协会（International Insolvency Institute）成员，兼任首尔（韩国）破产法院行政委员会咨询委员。个人和中小企业破产比较法领域杰出学者，撰写了30余篇开创性文章，出版研究和比较欧洲及其他地区发展中的消费者破产制度的专著。曾为多个国家和多项关于个人破产法律政策的国际研究提供咨询意见，并担任世界银行2013年《世界银行自然人破产问题处理报告》（Report on the Treatment of the Insolvency of Natural Persons）起草小组主席；曾向多个国家政府就个人和中小企业破产改革提供专业建议，并担任世界银行集团众多咨询项目的短期顾问。起草了世界银行集团2018年报告《拯救企业家、拯救企业：中小微企业破产的处理建议》（Saving Entrepreneurs, Saving Enterprises: Proposals for the Treatment of MSME Insolvency）。

译者简介

徐阳光

男，湖南平江人，湘潭大学法学学士，中国人民大学法学院经济法学硕士、博士，北京大学法学院博士后，英国剑桥大学访问学者。现任中国人民大学法学院教授、博士研究生导师，中国人民大学破产法研究中心副主任兼秘书长。兼任全国人大财经委《企业破产法》修改工作组成员、中国国际贸易促进委员会联合国贸法会观察员专家团成员、北京市破产法学会会长。入选中国人民大学首批“杰出青年学者”（A岗）、北京高校青年英才计划。独著或合著《英国个人破产与债务清理制度》《破产法与税法的理念融合及制度衔接》等，主编《破产重整法律制度研究》《破产法茶座》等，翻译出版《美国破产法精要》。

李丽丽

女，山东临沂人，南开大学法学学士，华东政法大学经济法硕士。现为上海市第三中级人民法院上海破产法庭员额法官，兼任华东师范大学法学院实务导师。曾在上海市第二中级人民法院及上海市浦东新区人民法院从事商事及破产审判工作。在审判工作之余，主要从事破产法、合同法、公司法、法律适用统一等领域的研究，多篇文章分别获得全国法院第二十四届、第二十五届、第二十七届学术讨论会二等奖，第十届中国法学青年论坛一等奖，第三届董必武青年法学成果奖。主审的某置业公司破产清算案于2021年被最高人民法院评为“实施破产法律制度　优化营商环境”十大典型案例，中电电气（上海）太阳能科技有限公司破产清算转重整案于2022年被上海市高级人民法院评为“服务保障长江经济带、长三角区域一体化发展”十大典型案例。

《破产法文库》编审委员会

总　序

现代破产法融清算退出与挽救更生程序于一体，是警醒正常市场主体“向死而生”之法，是帮助困境企业“涅槃重生”之法，是促使失败企业“规范退出”之法。破产法律制度是市场经济法律体系不可或缺的重要组成部分，甚至被称为市场经济之“宪法”。市场经济社会的基本法则乃公平竞争、优胜劣汰。故，凡市场经济之法治国家，无不将破产法视为其法律体系不可或缺之重要组成部分，并将其作为评价一国市场经济地位和营商环境水准的重要标志。

中国自改革开放以来，高度重视营商环境建设。1986 年 12 月 2 日第六届全国人民代表大会常务委员会审议通过了《企业破产法（试行)》，于 1988 年 11 月 1 日起施行。2006 年 8 月 27 日第十届全国人民代表大会常务委员会第二十三次会议审议通过了《企业破产法》，自 2007 年 6 月 1 日起施行，《企业破产法（试行)》同时废止。2013 年 11 月《中共中央关于全面深化改革若干重大问题的决定》指出：“健全优胜劣汰市场化退出机制，完善企业破产制度。”2014 年 10 月《中共中央关于全面推进依法治国若干重大问题的决定》指出："社会主义市场经济本质上是法治经济。使市场在资源配置中起决定性作用和更好发挥政府作用，必须以保护产权、维护契约、统一市场、平等交换、公平竞争、有效监管为基本导向，完善社会主义市场经济法律制度。"2018年9月第十三届全国人大常委会立法规划发布，《企业破产法》的修订纳入立法规划，属于"需要抓紧工作、条件成熟时提请审议"的项目。2018年11月中央全面深化改革委员会第五次会议审议通过了《加快完善市场主体退出制度改革方案》，将加快以破产法为核心的市场主体退出制度建立健全的步伐，以更好地服务供给侧结构性改革和营商环境优化建设。

我国破产法的历史虽然短暂，但也已走过了30余个春秋，《企业破产法》及其司法解释构成了较为完整的破产法制度体系，全国各地各级法院组建了约100家破产审判庭，北京、上海、深圳三地更是在最高人民法院的批准下组建了破产法庭，破产审判的法治化、专业化建设取得了长足的进步，破产案件数量逐渐上升，破产法的理念、文化与制度规则也得到了更广泛的传播和认可。

破产法律制度的建立健全和破产审判的法治化、常态化推进，是市场经济可持续发展、营商环境优化建设的重要保障，市场经济之发展亦注定离不开破产法学研究之繁荣。中国人民大学破产法研究中心和北京市破产法学会自成立以来，始终坚持学术为本、理论联系实际和以问题为导向的研究理念，不遗余力地创办“中国破产法论坛”及其专题研讨会等权威交流平台，多年来持续编辑出版《破产法论坛》等图书，凝聚了中国破产法理论与实务界之顶尖研究力量，致力于破产法治事业之发展与进步，赢得了全体“破人”之赞誉与支持。

为进一步整合中国破产法理论界与实务界之研究力量，经与浙江省高级人民法院民四庭庭长章恒筑法官、中国人民大学破产法研究中心副主任郑志斌律师、中国人民大学破产法研究中心副主任兼秘书长徐阳光教授、法律出版社法治与经济出版分社社长沈小英编审反复商议，中国人民大学破产法研究中心、北京市破产法学会决定联合法律出版社创办“破产法文库”，面向国内外同仁开放。

“破产法文库”设置5个子系列，其中，学术系列希冀广纳中国学界高水准之破产法专著；译著系列拟推介域外之经典破产法文献与法典；论坛文集系列继续推出“中国破产法论坛”及其专题研讨会之优秀论文；实务系列侧重出版破产法实务经验总结之佳作；茶座系列则旨在分享破产法实施中的趣闻轶事以及破产法同仁办理破产案件的心得体会。

从历史上看，中国缺乏破产法文化传统与理论实务研究积淀。“破产法为一重要之法律，然学者研究之者，远不如研究民刑之法之夥；良以向者适用较少，兴趣遂减。”民国法学家吴传颐先生数十年前之感慨，仍让今人有现实之叹。而今，破产法的社会调整作用日益得到人们的认可与重视，破产法的研究也日益深入。破产法是一个综合性的法学领域，破产法治建设是我们共同的事业追求。但愿“破产法文库”之创办能够团结更多法学同仁来关注和研究破产法理论与实践之重点难点问题，并将自己高水平的研究成果纳入文库中出版，共同推动中国破产法学术之繁荣、立法之完善与司法之进步。

是为序！

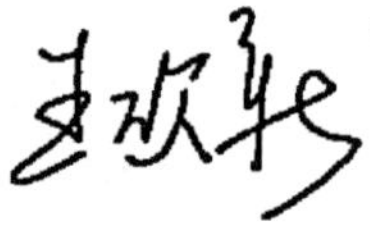*

2016 年 7 月 16 日撰写

2019 年 2 月 26 日修订

---

* 中国人民大学法学院教授、博士研究生导师，中国人民大学破产法研究中心主任，北京市破产法学会名誉会长。

中文版序言

能够为《个人破产法比较研究》的中文译版写这篇序言，我深感荣幸并倍感激动。本书的翻译由上海市第三中级人民法院上海破产法庭李丽丽法官发起，中国人民大学法学院徐阳光教授以其丰富的专业知识加入共同翻译，破产法学者和法官的合作，为本中文版提供了品质保证。本书能够获得两位才华横溢的专家的肯定与青睐，我深感荣幸，对徐教授和李法官为中文版的付梓面世所付出的巨大努力，我深表感激。

本书的观察和分析为思考和评估处理个人过度负债（不仅包括消费者债务，还包括与个人创业相关的债务）的法律制度提供了核心框架。这一高阶框架经受住了时间的考验，多年后它继续描绘立法者和其他法律行动者在处理个人过度负债问题时所面临的关键挑战。中国也面临同样的挑战，也在设计适当的法律以应对这些挑战。希望本书能为中国的制度设计提供一些西方同行的尝试、错误和成功见解。

自本书首次撰写出版至今，个人破产的世界发生了很大的变化，但基本的教训在很大程度上保持不变。当中国读者考虑与本书所述相关问题的持续关联性时，有三个发展变化尤其值得注意。

首先，本书所描述的趋势在整个欧洲持续并扩大。信贷咨询与协商作为早期干预手段继续得到支持，但决策者日益发现协商并不是有效解决这些问题的长久方案。与大公司不同，个人债务人一般缺乏支持有效债务协商的资源。虽然有些债务人可能只需要对其信贷安排进行轻微调整就有望恢复偿债能力，但大多数债务人无法偿还其债务的主体部分，债权人通常既不愿意花时间就较小还款金额进行谈判，也不愿意自愿免除大量无望偿还的债务。因此，对于越来越多的债务人来说，官方干预是必要的，而且随着时间的推移，这种干预已经变得越来越深入，越来越具有创新性。本书中所论述的制度在消除未偿付债务方面变得更加慷慨，在努力偿还部分债务时，它们对债务人的要求也变得不那么苛刻。整个欧洲的经验表明，最好的妥协在于期望债务人承担一些责任，而不是要求他们承担超出其合理承受能力的责任。

其次，本书积累的系统化分析为世界银行的一个重大项目提供了基础。在一份具有里程碑意义的报告——《世界银行自然人破产问题处理报告》（Report on the Treatment of the Insolvency of Natural Persons）① 中，工作组建立了一个非正式但极具说服力的政策框架，以了解和评估化解个人过度负债的立法努力。我非常

① 参见自然人破产处理工作小组：《世界银行自然人破产问题处理报告》，殷慧芬、张达译，中国政法大学出版社 2016 年版。

荣幸地担任该报告起草小组的主席。这份报告深化和扩展了本书中的许多观点。我强烈建议读者将《世界银行自然人破产问题处理报告》作为本书的补充。

最后，欧洲制定和发展个人破产程序的经验教训和世界银行报告提供的指导意见，也在中国第一部个人破产地方性法规——2021 年 3 月施行的《深圳经济特区个人破产条例》中有所体现。《深圳经济特区个人破产条例》从 2014 年早期的草案至 2020 年 8 月通过，经过反复讨论和论证，最终的成果令人印象深刻，令人钦佩，是审慎和负责的立法进程丰碑。在中央的指导下，深圳建立了一个适合中国国情的非常先进的世界级制度。它支持但不要求与债权人谈判，这是国际经验表明的一种优雅的妥协；它规定由法院强制免除债务人无力偿还的债务，但要求债务人通过适用统一的 3 年黄金妥协期（免责考察期）来作出最合理的还款努力。《深圳经济特区个人破产条例》体现的谨慎妥协，为中国和其他国家未来有效实践提供了方向。因此，现在是出版《个人破产法比较研究》中文版的一个特别恰当的时机，因为中国政府和学术界正在世界范围内寻找债务人、债权人和社会之间完美和谐的妥协。

杰森·J. 吉伯恩

写于美国芝加哥

2021 年 12 月

序言及参考文献说明

本书旨在介绍各种应对个人财务困境的现行法律制度。以历史视角观之，对此类制度的分析仅限于拥有相同法律传统（普通法系）的英语国家（如美国、英国、加拿大以及澳大利亚），至少一般来说，这些国家关于法律在经济生活中的作用的观点是相似的。正如本书所展示的那样，近年来，* 分析比较范围有了极大扩展，涵盖了来自不同法律传统（民法法系）的国家，这些国家对法律和经济的相互作用（特别是在消费者方面）有着不同的观点，更不用说语言的差异了。

鉴于这一法律领域的复杂性及动态性，本书并未对应对消费者财务危机的所有现行正式法律进行详尽讨论，而是相对聚焦于欧洲大陆新的、正在发展中的法律，很大程度上因为这是过去10年的“行动之所在”（对日本、韩国相关新制度的论述则受制于语言障碍，但依笔者之见，它们与此处的讨论非常相似）。关于应

---

* 因原著写作并出版于2007年，译文中出现的“近年来”“过去十年”“过去几年”“当今”等均以该时间为时间计算界点。如无特别需要，下文不再重复说明。——译者注

对消费者财务危机的研究正在持续进行，因为越来越多的国家考虑采取具体的法律措施，以应对公开便捷的消费信贷尤其是循环信贷所带来的负面影响。随着南美以及中欧、东欧的立法机构开始采取类似的法律回应，我们可以期望，他们采取的对策将以本书所讨论的具有类似大陆法系传统和法律制度的国家的模式为基础。因此，本书将这些国家纳入比较研究的范围，是因为它们在美国读者心中的重要性（如德国和法国），因为它们与美国之前及现在的立法存有相似之处（如荷兰），或者因为它们在某一法律和经济制度“家族”中的代表性（如作为斯堪的纳维亚制度代表的瑞典）。

本书聚焦于欧洲（主要是欧洲大陆）的消费者债务救济制度，并将其与美国过去和现在的制度进行比较。我只简要讨论了英格兰和威尔士的制度要素，并未探讨加拿大和澳大利亚的成熟制度，主要原因有二：第一，英美的制度已经在其他地方进行了深入探讨，美国法与英国法的现行实践至少可以大致代表其他普通法系国家相似的发展。第二，对于民法法系国家来说，消费者债务救济是一个非常新的概念。相较于同属普通法系传统的美国及其他国家来说，欧洲大陆关于消费者“破产”的哲学与方法具有实质性的不同。本书更有意义的价值在于，致力于展现那些较少被探索的新制度之间的异同。

本书即将展开的讨论，主要源于我早些年撰写的一系列文章，我对这些文章进行了重新组织、思考，并予以更新和扩展，从而形成了本书。对于有兴趣进一步研究和探索的读者，本书引用及转引用的资料（大多数只能以纳入本书讨论范围的国家的语言进行检索），可以从以下文章中获取：

Jason J. Kilborn, *Out With the New, in With the Old: As Sweden Aggressively Streamlines its Consumer Bankruptcy System, Have U. S. Reformers Fallen Off the Learning Curve?*, 80 American Bankruptcy Law Journal 435 (2007).

Jason J. Kilborn, *Continuity, Change and Innovation in Emerging Consumer Bankruptcy Systems: Belgium and Luxembourg*, 14 American Bankruptcy Institution Law Review 69 (2006).

Jason J. Kilborn, *The Hidden Life of Consumer Bankruptcy Reform: Danger Signs for the New U. S. Law from Unexpected Parallels in the Netherlands*, 39 Vanderbilt Journal of Transnational Law 77 (2006).

Jason J. Kilborn, La Responsabilisation De L'Economie: *What the United States Can Learn from the New French Law on Consumer Overindebtedness*, 26 Michigan Journal of International Law 619 (2005).

Jason J. Kilborn, *The Innovative German Approach to Consumer Debt Relief: Revolutionary Changes in German Law, and Surprising*

Lessons for the United States, 24 Northwestern Journal of International Law & Business 257 (2004).

对于奥地利的研究基于各种原始的第一手及第二手资料（均系德语）。① 关于英格兰及威尔士的简要研究主要基于艾德里安·沃尔特斯（Adrian Walters）和唐纳·麦肯齐·斯基恩（Donna Mckenzie Skene）撰写的精彩论文，② 相关数据更新基于英国破产服务局（Insolvency Service）出具的《2002 年企业法》评估报告。③

---

① *See*, *e. g.*, Georg Kodek, Handbuch Privatkonkurs: Die Sonderbestimmungen für das Konkursverfahren natürlicher Personen (2002); Bundesministerium für Soziale Sicherheit, Ausweg Gesucht!: Schulden und Privatkonkurs (2004), online at http://www.bmsg.gv.at/cms//site/attachments/2/9/3/CH0036/CMS1091089868037/privatkonkurs.pdf.

② *See* Walters, Adrian and McKenzie Skene, Donna W., *Consumer Bankruptcy Law Reform in Scotland, England and Wales*, (July 6, 2006), online at http://ssrn.com/abstract=914522.

③ *See* http://www.insolvency.gov.uk/insolvencyprofessionandlegislation/legislation/reform.htm.

目　录

第一章　奠定基础：比较可比较性？ …… 1

A. 导论 …… 1

B. 识别问题并比较解决方案 …… 5

C. 立法干预的多元路径和目标 …… 9

D. 关于确定比较法律的总结说明 …… 15

问题讨论 …… 19

第二章　整体制度的比较分析：美国与欧洲的庭外债务重组 …… 21

A. 美国的“信贷咨询”：重新协商而非破产 …… 23

1. 咨询与协商：一体两面 …… 24
2. 美国信贷咨询行业面临的财务挑战 …… 25
3. 咨询目标——美国有所不同吗？ …… 28

B. 重新协商：罗马法系的起源及轴心 …… 30

1. 法国 …… 31
2. 卢森堡：另一种成功的调解模式 …… 41
3. 比利时：为调解三呼喝彩？ …… 47

C. 信贷咨询和调解在日耳曼法系中的渐微 …………………… 50
1. 德国（和奥地利）：行政拖延和喜忧参半的结果 …… 50
2. 荷兰：一致同意的重新协商令人失望地衰退 ………… 53
3. 瑞典：倒戈弃甲 ……………………………………………… 56
问题讨论 ……………………………………………………………… 62

第三章　正式强制救济制度的时空比较 …………………… 64
A. 美国消费者破产法：1898 年、1979 年、2005 年………… 65
1.《1898 年破产法》 ………………………………………… 65
2.《1978 年破产法典》 ……………………………………… 67
3. 从 1984 年“实质滥用”到 2005 年“经济状况审查” …………………………………………………… 69
4. 结论：现行美国消费者破产法的基准评估 ……………… 78
B. 罗马法系法院干预极少但日渐增加 ……………………… 79
1. 法国：从“普通”建议到强制性“个人恢复” ……… 80
2. 比利时和卢森堡：削弱免责立法阻力 …………………… 89
C. 向更加仁慈温和的日耳曼法系演进 ……………………… 98
1. 德国 ………………………………………………………… 98
2. 奥地利 ……………………………………………………… 104
3. 荷兰 ………………………………………………………… 108
4. 英格兰和威尔士的简要比较 ……………………………… 113
5. 瑞典 ………………………………………………………… 115
问题讨论 ……………………………………………………………… 125

第四章 比较观察的结论 …… 128
A. 比较视野下的申请率上升 …… 128
B. 债权人的间接责任：门后棍子 …… 134
C. 债权人的直接责任：对消费者违约课征恢复与教育基金 …… 138
问题讨论 …… 142

索 引 …… 143

附录1：透视美国和欧洲大陆的债务调整、免责与豁免：更广泛的目标与路径 …… 152
Ⅰ. 美国模式：获得“清算—免责”的全新开始及其替代方案 …… 153
A. 救济准入：申请要求及费用 …… 154
B. 首要救济：清算—免责与豁免财产 …… 155
C. 获得全新开始的替代方案：主要适用于住房抵押贷款的还款计划 …… 157
D. 滥用的界定：“经济状况审查”及其失败 …… 158
E. 免责及其例外和撤销 …… 160
Ⅱ. 演进中的欧洲模式：获得启动免责，渐进宽松的免责准入 …… 161
A. 丹麦：1984～2005年 …… 163
B. 斯洛伐克：2006～2017年 …… 165

C. 波兰：2009 ~2015 年 …………………………………………… 166
D. 俄罗斯：2015 ~2017 年 ……………………………………… 168
E. 奥地利：1995 ~2017 年 ……………………………………… 169

附录 2：中小企业重整的美国例外主义：2019 年《小企业重整法》 ………………………………………… 171
Ⅰ. 引言 …………………………………………………………… 171
Ⅱ. 适用资格 ……………………………………………………… 173
A. “小企业” = 小额债务 ……………………………………… 173
B. “小企业” = 小型企业集团和小型证券发行 ……… 175
Ⅲ. 协商一致的重整——减少复杂性，增加支持率 ……… 177
Ⅳ. “可支配收入”计划的非协商强制批准 ………………… 180
Ⅴ. 初步实证结果和总结性评价 ……………………………… 183

附录 3：欧洲主要国家个人破产制度的最新发展 ……………… 187
A. 法国 …………………………………………………………… 188
B. 奥地利 ………………………………………………………… 190
C. 德国 …………………………………………………………… 191
D. 波兰 …………………………………………………………… 192
E. 俄罗斯 ………………………………………………………… 194

译后记 ………………………………………………………………… 197

第一章　奠定基础：比较可比较性？ 3

A. 导论

有些问题具有普遍性。比如，自“文明”诞生（dawn）以来，每个社会都或多或少地遭受过我们今天所说的暴力犯罪造成的破坏、损害和痛苦。社会也很早就或多或少地对此问题进行了结构性的应对。这些应对最终演变成后来可称为刑事法律的制度，以管理社会成员的社会行为，并对不良行为进行制裁。在北美洲、南美洲、欧洲和澳大利亚的普通法系和大陆法系法律制度中（以及在亚洲、非洲法律方面），人们可以识别出这些普遍（或几乎普遍）存在的潜在的社会不和谐方面，也可以卓有成效地比较不同社会所形成的不同的结构性应对方式。例如，基于生物学和长期联结的权力与责任的安排（家庭法），对非人类事项（物权法、不动产法或继承法）的权力划分和分配，以及执行（或者拒绝执行）人与人之间的各类协议（规定常规义务的法律或者合同）。

有些问题明显不具有普遍性，却在相似的社会中普遍存在。比如，美国和欧洲在后工业社会中已经发展出了一套复杂的规则网络，用以规范从事商业活动的拟制主体的行为和内部治理（公司、合伙以及其他法律实体的立法），并规范与贸易相关的具体协议，通常涉及货币财产（如商法）。相比之下，许多遵循其他治
4 理路径的国家，很少（如果有的话）需要这样一个复杂的商业组织法和商法。许多社会鲜有理由去发展出一整套有关公司、支票、本票、担保交易的法律体制，更不要说信用卡与借记卡了。在许多情形下，即便这些社会在某种程度上用一套成文的规则管理商业组织和商事关系，也很可能是以一种与美洲和西欧社会非常不同的方式看待及回应“问题”。

本书的主题介于“普遍”与“特殊”之间。出于“破产”（“bankruptcy”或“insolvency”）制度的需要，一个社会必须建立一套相对完善的合同执行制度，尤其是涉及商品及服务的金钱支付协议。事实上，这样的社会可能还需要一个完善的金钱借贷体系来为这些付款承诺提供资金。不管怎样，如果不履行合同或不偿还欠款都没有惩罚（或许是因为正式的执行机制失灵），也就不需要有破产制度来保护无力偿债的债务人或者为债权人的催收提供帮助。进言之，如果一个社会需要*消费者*（与*企业*相对）破产制度，就必须有一个相对完善的制度，允许个人为非商业目的借款并承担其他金钱义务。当今，在美国以及欧洲的大部分国家，人们可以看到一个或多个此类因素，但如同下文将要探讨的，只有少数但越来越多的地区存在上述聚合性因素。

如上文所述，本书将聚焦于美国及西欧国家的法律及实践，因为这些国家（不像其他多数国家）在减轻消费者沉重的债务负担方面，能够提供相对发达且具有很多可比较性的制度。实际上，许多人已经注意到，美国的消费信贷市场已经临近甚至超过了饱和点，所以，欧洲相对丰富的信贷市场（尤其是欧洲中部和东部）代表着下一个大规模的消费者借贷及其不可避免的财务困境的前沿领域。美国和其他地方的贷款机构目前正在面对并试图了解各种不同的法律制度，以缓解这一困境，因此，熟悉现有解决方法，可能在不久的将来对美国法律人大有裨益。此外，了解国外的解决方法，将有助于法律人更好地认识国内的制度运作。

表 1　选定的经济指标（约值） 5

地区	人口/人（2006 年）	人均 GDP—购买力平价/美元（2005 年）	失业率/%（2005 年）	家庭总债务占税后家庭总收入的百分比/%	
				1995 年	2003 年
美国	3 亿	41, 800	5. 1	96	128
德国	8200 万	30, 400	11. 7	93	105
英国	6100 万	30, 300	4. 7	97	129
法国	6100 万	29, 900	9. 9	54	60
荷兰	1600 万	30, 500	6. 6	113	200
比利时	1000 万	31, 400	8. 4	56	64

续表

地区	人口/人 (2006 年)	人均 GDP—购买力平价/美元 (2005 年)	失业率/% (2005 年)	家庭总债务占税后家庭总收入的百分比/%	
				1995 年	2003 年
瑞典	900 万	29, 800	5. 8	97	114
奥地利	800 万	32, 700	5. 2	62	75
卢森堡	47. 4 万	55, 600	4. 5	10	12

表中多数家庭债务的数据来源：Didier Davydoff & Grégoire Naacke, L'Observatoire de l'épargne Européenne, L'Endettement des Ménages Européens, Annex 2, at 73 (2005), online at http://www.banque-france.fr/ccsf/fr/publications/telechar/autres/rap_ endettement_ internet_ 13_ 10_ 05. pdf。其他数据来源：中央情报局世界概览（CIA World Factbook），http://www.cia.gov/redirects/factbookredirect.html。

如下文所见，即便是在欧洲最先进的国家，消费者债务及“过度负债”（overindebtedness）法律救济的需求，也是一个比较新的概念（事实上，“过度负债”一词是新出现的，从法语单词“*surendettement*”直译而来）。世界上的其他几个地区，如韩国、日本、南美的一些国家（尤其是巴西）和中东欧国家（特别是波兰），正在努力解决消费者债务问题，而这恰恰是过去 15 年间西欧国家所同样面临的问题。对于那些为债务人和债权人提供咨询建议的人来说，如果中东欧和南美国家采取类似西欧的制度（似乎很有可能），那么，本书中的知识将更有价值。

本章作为本书的开篇，通过描述消费者债务的增长及其产生的问题，介绍关于解决这些问题的政治思想的演变，奠定了本书分析的基础。表 1 列举了刚才所提到的一些国家最近的经济统计数据（需要注意的是，债务总额占税后收入的比例很难计算，此 6
处只是对这些国家的相关数据作一般对比）。当您阅读下面的材料时，思考一下该组数据是否与解释这些国家为什么、何时以及以何种方式通过法律来解决消费者过度负债等问题存在关联，如果没有关联，那么还有哪些因素看起来是在推动这些法律的发展。

B. 识别问题并比较解决方案

本书所讨论的几个国家，在以下许多显著的基本特征方面截然不同——语言、宗教（至少在某种程度上）、政治结构、政府组织架构、法律传统、历史发展、法律体系（大陆法系和普通法系的差异，甚至还存在大陆法系中的罗马法与日耳曼法的区别），更不用说人口规模和经济生产力。尽管如此，这些国家存在一个明显的共同点，即 20 世纪 70 年代末至 80 年代初，随着对消费信贷市场的放松管制，这些国家的消费贷款急剧增加。

直到最近，过度消费负债在欧洲还是一个鲜见的边缘问题，因为大多数消费者几乎无法获得信贷。消费者信贷法律使向消费者提供贷款无利可图，或者设置了阻止大多数消费者获得贷款的限制性条件。例如，有些法律规定获得现金贷款需要大量的头期款（down-payments，一般为贷款金额的 20% ~30%），并且限制了消费贷款分期还款的时间长度，增加了月还款额。即使是在今天，在意大利和希腊等国家，消费信贷依旧是相对欠发达的行业，尽管最近的一些统计数据显示这种情况正在发生迅速改变。在美国，消费信贷受此类监管较少，但是利率的收紧与限制仍旧在很大程度上制约了信贷机构开拓小额消费信贷市场。

美国和欧洲的监管环境从20世纪70年代末开始发生变化。美国联邦最高法院于1978年在 ***Marquette Nat'l Bank of Minneapolis***
7 ***v. First of Omaha Serv. Corp.*** 案①中作出的裁决，几乎废除了对消费者贷款的有效监管。以前专注于商业贷款的大型银行，尤其是花旗银行，大举挺进消费市场，推出了一种非常受欢迎的新产品——“万能”（universal）信用卡。20世纪70年代末及80年代，欧洲各国的议会取消了对消费信贷的限制，这为消费信贷的增长铺平了道路。在欧洲，信用卡在消费者信贷市场虽仍属边缘业务，小额贷款金融公司和信贷经纪人的数量却急剧增长，银行开始更加积极地使用借记卡和透支保障，作为开展短期小额高利率循环贷款业务的工具。这种对消费贷款的放松管制常被称为“信贷民主化”，因为它使那些渴望利用自身未来的赚钱能力进行即时消费和满足的人们能够获得贷款（通常是首次贷款）。

由于为方便现代生活而融资的巨大信贷需求尚未得到满足，美国和欧洲的消费贷款在20世纪80年代从涓涓细流演变为滔滔

① 439U. S. 299（1978）.

洪水，这给缺乏经验的公众带来巨大的、不断增加的痛苦。1984
年至1988年，法国消费者对机构贷款的依赖上升了158%。1984
年至1994年，德国的消费债务总额增加了1倍多。特别是许多欧
洲消费者发现，利率和月供的新世界既奇怪又令人困惑。尽管法
律要求贷款的关键条款要予以披露，但一份1989年针对法国消费
借款人的调查显示，有1/3的消费借款人并不知道他们的贷款还
款期有多长，有2/3的消费借款人对他们的贷款利率并无概念。

欧洲的经历生动地表明消费者的财务困境源于多重因素。消
费信贷的放松监管无疑暴露了一个火药桶，而政治、社会以及经
济上发生的变化则最终点燃了导火索。例如，1990年10月3日，
东德和西德完成统一，受西德相对奢侈的消费习惯和生活方式的
冲击，东德的消费者财务困境日益严重。除此之外，1973年的石
油危机动摇了欧洲国家的工业经济基础。就业前景良好、形势稳
定的时候，贷款只是增加风险。反之，就业前景不好、形势存在
不确定性时，贷款则会带来无穷后患。对于德国以及其他欧洲国 8
家来说，就业市场的不稳定，加上居高不下的失业率，会导致本
就脆弱的经济在沉重的消费债务之下跌入深渊。让消费者拥有自
己的住房也是这个问题的诱因，尤其是在法国和瑞典。房地产
（被用作新的住房贷款的抵押品）价格在20世纪80年代初期的急
剧上涨，导致很多消费者在90年代房地产价格急剧下降时，不得
不承担后来被证明是过度负债的压力。所有这些风险因素导致有

些消费者不可避免地陷入财务困境，最终给法律制度带来无法预料的压力。到1989年，法国小额追索法庭（small claims courts）待判决的诉讼案件主要是追索未清偿的消费贷款。在瑞典，止赎拍卖（foreclosure sale）房屋的数量从1990年的548起增长到1994年的近4000起。

即使在那些并未明显受到消费者债务大量涌入冲击的地区，财务困境也至少对部分人口造成了严重影响。在比利时和卢森堡，消费者债务总额的增长情况比邻国要温和得多。20世纪90年代，美国消费者平均将可支配收入的20%用于偿还无抵押消费负债，在德国这一比例为17%，但比利时仅为6.5%。在卢森堡，1994年至2000年，消费者平均将每月可支配收入的11%用于偿还全部债务，包括抵押贷款及非抵押贷款。然而，这些数字提供了一个警示，说明了广泛的统计分析的危险。总体数据以及全国范围内的平均数据，掩盖了个人债务人之间债务负担不均衡的痛苦事实。在卢森堡和比利时，上述债务情况的描述，掩盖了负债分布不均的情况。有的家庭没有债务，而有的家庭的负债则高于平均水平，在很多情况下甚至已经超出了未来收入的可承受范围。由于将所有的家庭混为一谈，基于全国人口财务健康数据和借贷倾向而得出的综合统计数据，可能产生误导性印象。

更有针对性的统计数据，则描绘了一幅20世纪90年代比利时与卢森堡截然不同的消费者债务危机图景。在卢森堡，当数据显示居民**平均**每月用于偿还贷款的收入仅占可支配收入的11%时，负债人口的这一比例是20%，而**负债最严重的**1/4的债务人每月将约37%的可支配收入交给债权人。自1993年至2000年，比利时登记的存在不同程度消费贷款违约的消费者数量增幅为28%，从300,000人增至385,000人——约占2000年比利时成年人口数量的5%。无论总债务数据如何表明比利时和卢森堡的总 9
体债务水平较低，这些国家很大一部分消费者都正经历着困扰其邻国德国和法国的同样类型的债务问题。诚然，正如卢森堡公务员和公职人员协会的一名代表所指出的，“一件［过度负债］案件就足以说明全部问题”。最终，欧洲的立法者没有落入看似欣慰却具有误导性的统计平均值的桎梏，而是选择对人们真实的债务遭遇作出回应。

C. 立法干预的多元路径和目标

欧洲的政策制定者很快就听到了要求通过法律手段缓解难以控制的消费者债务的呼声。20世纪80年代，从斯堪的纳维亚到法国，针对日益严重的消费者“过度负债”问题，各国政府和立法机构都开始考虑采取具体的立法对策。经过多年的政治角力，西欧各国的立法机构以各种方式对某种救济的需求作出了回应，从对调解的非干涉性关注到相当积极的债务免责。所有这些讨论均贯穿着一个始终如一的主题：需要在提供适当法律救济与避免导致引诱消费者逃避其合法的法律义务的“道德风险”之间寻求适当平衡。即便在这些国家制定相关的消费者破产救济法律之后，关于如何在上述关切中分配适当的权重并寻求适当平衡的最佳方法的辩论也将继续。对这些法律的审慎评估以及修订直到今天仍在继续。随着时间的推移，消费者财务困境的现实不断暴露，我们可以观察到，对关切点的平衡也发生了明显的转变。

一方面，越来越多的观察者认为，出于社会和经济福利的考虑，需要某种形式的立法干预，以解决消费者财务困境的弊病。有人可能认为，“社会主义”（socialist）* 欧洲采取的消费者债务救济只是其以慷慨著称的社会福利制度中的一个方面。虽然社会福利确实发挥了作用，但这似乎并不是任何地方讨论的中心。整
10 个欧洲的驱动理念似乎很大程度上是简单却又冷静的经济学。债务救济的支持者认为，让消费者摆脱压倒性的财务负担，可以避免因债务人丧失在主流劳动市场工作的动力而给经济生产力和税收收入带来损失，避免因债务人过度负债而给社会服务及刑事执法系统造成负担，进而增进社会福祉。例如，比利时的立法者反复强调，“债务免责是促使过度负债的债务人重新融入经济体系的

---

* “socialist”最常见的译法是“社会主义”，但是该词中含有“社会福利”之意。此处的“社会主义”并非意识形态上的概念，而是指欧洲的福利社会。——译者注

唯一途径。否则，债务人就会被边缘化，并受困于地下经济，进而成为社会的负担”。

另一方面，无论是在法律上还是在实践中，政策制定者都不愿破坏“有约必守”（*pacta sunt servanda*，即“协议必须履行”）这一基本的契约原则。很多人担心，为过度负债者提供“太多”或者“太容易”的救济，会导致财务道德的普遍滑坡和消费者债务人的“去责任化”（de-responsible-ization，源于法语“*déresponsabilisation*”）。例如，在20世纪80年代中期，德国的政策制定者非常坚定地认为，“按照英美模式进行破产免责是不可能的”。

然而，德国和其他国家的政策制定者则认为，债权人的强制执行行动有望带来的微薄经济收益，远远被其成本所抵销，无论是对被迫终身负债的债务人还是社会来说，都是如此，因为这些纳税人被迫进入黑市的影子经济（shadow economy）。事实上，整个西欧支持提供法律救济的人则指出，一个精心设计的债务救济制度将使债权人受益，它将激励债务人为偿还债务而努力创造价值，并设置一个中立的、国家资助的管理人来负责这个制度，能够令人信服地向债权人保证，他们继续浪费时间和金钱来试图收回本来无法强制执行的债务是愚蠢的。例如，在比利时，立法者谴责，无休止的追债行动是对个人和国家资源的浪费，这些行动只不过是维持了“有关债务仍有可能被追回的幻想”。

最终，这些制度的设计在很大程度上是为了迫使债权人对其继续追索资不抵债者的能力进行理性的成本—效益分析，不仅要考虑到债权人的成本，还要考虑到整个社会的成本。比如，在瑞典，研究人员明确指出，债权人对于资不抵债的债务人强制执行
11 债务的权利“对最好的评估而言毫无价值”，这与追求无休止的催收行为给社会造成的成本极不相称。在比利时，就连官方债务催收机构（国家控制的机构）的代表也认为，对于解决消费者过度负债来说，强制和集体性的债务调整是“唯一现实的方法”。

该代表人士指出，债权人的顽固和咄咄逼人，经常会使官方债务催收机构试图促使债务人和债权人达成和解的努力偏离方向，导致成本和费用的不必要增加，造成价值的无谓损失。某种形式的国家干预是必要的。在欧洲和美国，如何审慎地限制干预和控制获得债务救济的途径，将成为未来数年立法机构讨论的焦点。

丹麦于 1984 年在欧洲大陆第一个通过了消费者破产救济法，法国紧随其后于 1989 年通过类似立法（1990 年 3 月 1 日生效）。芬兰和挪威在 1993 年实施了与丹麦非常相似的制度，瑞典在 1994 年紧随其后。同样是在 1994 年，奥地利和德国通过了在模式上略有差异的消费者债务救济法，然而，奥地利的法律于 1995 年生效，德国的法律至 1999 年才生效，而在此前一年（1998 年），荷兰和比利时通过并实施了新的法律。2000 年 12 月，卢森堡消费

者破产法出台，但这一新制度直到 2001 年才通过颁布条例的方式开始实施。

丹麦和法国的这两部法律，说明了欧洲的法律（以及美国现行法律）试图限制“值得救济的”（deserving）债务人获得这一救济途径的三种主要方式（具体将在后面章节中详细叙述）。

首先，限制获得这一新的债务救济途径的两个普遍适用且紧密关联的方法：一是强制要求所有债务人在申请正式债务救济前与其债权人进行非正式的协商；二是承诺让渡未来收入的一部分用于清偿债务，以此作为申请救济的先决条件。英美法中“无罪释放式”（get-out-of-jail-free）的即时免责概念在欧洲遭到了全面拒绝，至少在 20 世纪 90 年代是如此。正如我们将要看到的那样，随着时间的推移，这两种方法都在欧洲慢慢地弱化，最明显的是在法国和瑞典，而美国则走向相反的方向，实施了这两种类型的控制。

其次，另外一个限制因素是本书将要描述的“日耳曼法”路径和“罗马法”路径之间的主要区别。至少在一开始，罗马法系将其局限于促进采用相对非干预性的消费者债务重新协商。例如，12
在其存在的前 10 年，在法国，这一制度几乎不允许对债务人和债权人之间交易的基本条款作更改（不过，正如我们将在下文看到的，近年来这种情况发生了巨大变化）。比利时和卢森堡的法律在*事实上*（如果不是在*法理上*的话）也很大程度地避免对债务人、债权人之间的关系作重大干涉。② 与此相反，在日耳曼法系中，法律从一开始就规定了对债权人权利的直接和积极的干涉。在斯堪的纳维亚、奥地利和荷兰（类似美国和英格兰），法院有权免除债务人未能清偿的债务，并将债权人对违约债务的回收降至法律规定的水平。这种早期区别的基础是这种比较研究中特别有趣的方面。罗马法系的此种限制是基于法律原因还是经济原因？法国作为犹豫不前的先驱者，是它对于救济的限制导致后来的日耳曼法系得以建立在法国的经验之上吗？日耳曼法系是否比罗马法系更不重视合同义务？确实，比利时的文化、历史和法律制度反映了日耳曼法系和罗马法系的元素，那么，比利时的过渡性制度适合于哪里？斯堪的纳维亚和荷兰是否应当包含在日耳曼法系之内？将制度作此种分类能达到什么目的？

最后，丹麦和其他斯堪的纳维亚地区的制度包含了这些制度特有且严格的准入限制。正如我们在讨论瑞典制度的正式部分时将看到的那样，斯堪的纳维亚的债务人必须证明，根据其个人和经济状况，他们“值得”救济。法国和荷兰的债务人必须证明他

② 将比利时和卢森堡划分至罗马法系的分类，仅是为了描述消费者破产制度的运作。可以肯定的是，比利时北部的荷兰人区域与南部的法国人区域有着非常不同的传统，对于文化和法律的看法也有很大的不同，卢森堡的许多地区也可能存在这种情形。然而，这些国家的消费者破产制度立法史清楚地反映了对法国模式的关注。因此，本书将比利时和卢森堡归于罗马法系的范畴，只是为了方便理解欧洲的消费者破产制度的适用范围。

们寻求救济时的“善意”，斯堪的纳维亚对这一被称为“合理的先决条件”的要求则更加深入和严格。此外，除非是在最特殊的情况下，否则，斯堪的纳维亚的破产救济是一种“千载难逢”(once-in-a-lifetime）的特权。想想为何*只有*斯堪的纳维亚采取(并保留）了这些限制。斯堪的纳维亚在社会意识、政府、经济或法律历史方面是否存在不同之处，能够解释与其他欧洲国家法律之间存在如此巨大的差异？如果你认为社会福利制度发挥了作用，那么要仔细思考一下斯堪的纳维亚的社会福利制度与欧洲其他国家的区别。这真的能够解释在过度负债困境救济方面的措施之别吗？ 13

D. 关于确定比较法律的总结说明

比较法研究的陷阱之一，是在类似的领域寻找类似的法律。如果在美国《破产法典》中可以找到消费者破产法，则美国研究者可能检索其他国家所谓的“破产法典”（Bankruptcy Code)、“法律”（Law）或“法案”（Act)，然后试图找到与消费者相关的条文。这种方法在多数情况下只会带来挫败感。比较法研究的第一课就是要对研究*方向*（where）保持灵活和开放的态度。

在奥地利、德国、荷兰以及丹麦，“破产法典”或者“破产法”实际上的确包含了与消费者相关的法律，不过可能需要更多的信息才能找到相关的立法历史和评注。在奥地利，破产法（*Konkursordnung*）的确包含了个人债务救济的具体条款，这些条款是由普通修正案（*Novelle*）所增加的。任何美国的研究者都会对奥地利的法律规定感到相当满意，奥地利的法律也有助于我们理解为何消费者破产程序通常被通俗地称为私人破产（*Privatkonkurs*）。只要创造性地使用同义词，美国研究者就应该能够很容易地找得到德国破产法（*Insolvenzordnung*），其中同样包含了适用于消费者和企业财务困境的条款。德国在 1994 年通过了一项全新的破产法（自 1999 年生效）。如同美国一样，德国破
14 产法的立法史也包含了破产免责条款的历史。再者，了解用于描述德国消费者破产的特定非正式词汇（*Verbraucherinsolvenz*），对于查找相关的法律评注和晚期立法史至关重要。

在荷兰，情况略微有些不同，尽管与消费者有关的条款是在很晚的时候通过一部具有独立立法历史的特别法律予以增加的，但消费者破产条款仍旧是《1896 年破产法》（*Faillissementswet*）的一部分。要了解荷兰消费者破产法的历史、实践和后来的修订，人们必须寻找增加这些条款的法律名称，即“自然人债务更生法”（*Wet schuldsanering natuurlijke personen*），通常称为“Wnsp”。事实上，负责监测 Wnsp 实施的机构已经为这一主题建立了一个非常棒的网站（www. wsnp. rvr. org），但人们如果检索“破产法”可能找不到这个网站。同样，在丹麦，适用于个人的债务救济法

（*Gældssaneringslov*）对现行破产法（*Konkurslov*）的第四部分进行了修订。如果要发现消费者破产问题的具体讨论，则需要查找的是债务救济法而非破产法的变化。

在瑞典（和挪威）以及卢森堡，处理消费者破产有独立的法律。尽管瑞典有单独的破产法（*Konkurslagen*），但瑞典通过消费者债务救济法时，并没有对破产法进行修订。相反，关于消费者的规则是新的债务重组法（*Skuldsaneringslagen*）中的一个独立部分，在瑞典成文法的官方汇编（*Svensk Forfattningssamling*，或 *SFS*）中也有一席之地。在卢森堡，消费者债务救济法也是自成一格的（*sui generis*）——2000 年 12 月 8 日关于过度负债的法律（*Loi de* 8 *décembre 2000 sur le surettement*）是独立的，只能通过搜索有关该法的参考资料来考察。

法国与比利时的法律情况需要更加谨慎的检索。法国法将“**个人过度负债**”置于消费者法的规定中。与消费者债务救济有关的条款被编入消费者法典（*Code de la consommation*）中，该法典是伴随民法典的众多“迷你法典”之一。比利时的立法者则采用了另一个视角。他们将消费者债务救济作为基本的**程序法**，限制债权人执行其债权的权利。因此，比利时（与消费者债务有关）的规则被编入司法程序法典（*Code Judiciaire/Gerechtelijk Wetboek*），作为“执行”编下的一个新的部分，被直截了当地称为“集体债务安排”（Collective Debt Arrangement，*règlement* 15 *collectif de dette/collective schuldregeling*）。沿着这条令人眼花缭乱的道路前行，可能是一项挑战，但在迷宫的尽头找到奶酪的藏身之处，却是比较法研究的一大乐趣和满足。

问题讨论

16

1. 本章所论及的国家在许多方面都具有相似性，但是某些方面存在的差异是否能够支撑我们对消费者破产法律制度进行比较研究？例如，以慷慨著称的斯堪的纳维亚福利国家，是否将这些国家作为与美国以及欧洲其他国家进行有效比较的“禁区”？如果是，原因何在？(确实，如果它们的福利如此慷慨，为什么它们是率先实行消费者债务救济制度的国家?) 如果我们放眼于欧洲和美国之外，是否存在某些差异，使比较研究不可能富有成效——或者至少会使比较研究变得更加困难和脆弱？假设消费者过度负债在伊斯兰国家（如伊拉克）或者亚洲国家（如中国）成为一个社会问题——对于消费者破产法来说，是否会因这些国家与“西方”的法律体系过于不同导致无法进行有意义的比较？在分析这些不同体制时，我们是否至少需要改变我们的研究方法，考虑很多法外因素？对于进行消费者破产法律制度的比较来说，表 1 所列国家之间最重要的相似之处是什么？

2. 在你看来，为什么有的国家需要花费很长时间来接受消费者债务救济？鉴于各自的债务水平，为什么法国会先于德国？美国实施消费者债务救济制度已经 100 余年，但欧洲只是近期才开始实施，你认为其中的原因是什么？欧洲大陆国家（民法法系）

比美国（普通法系）更注重合同契约吗？你认为欧洲学生可能如何回答这些问题？

3. 如何看待那些还没有采用（消费者）债务救济制度的国家？难道意大利、希腊、瑞士的立法者对公民的过度负债困境不够关心？回想一下，比利时和卢森堡的消费者债务水平总体比较低，但这些国家已经采取了救济制度。你认为西班牙、意大利、希腊和瑞士在不久的将来会制定某种形式的正式救济制度吗？为什么会或者为什么不会？欧盟是否应该强制（或强烈鼓励）尚未制定实施消费者债务救济措施的国家作出改变？跨境借贷的上升（如果有的话）是否会影响你对上一个问题的分析？在当今的全球经济中，文化以及国家真的能够保持孤立吗？

4. 救济制度的法律分类（破产法典、消费者破产特别法、消费者法典、程序法典）对于这些国家如何对待救济制度会产生什么启
17 示？不同于其他制度，奥地利、德国、荷兰以及丹麦等国家的“破产”法结构与美国的很像，这与我们的比较法研究有关联吗？对于美国法来说，这些是否意味着德国和荷兰的法律更加具有可比性或者相似性？在你看来，这些国家的（与消费者破产的）法律架构如此相似的原因是什么？是因为这些国家的法律哲学、历史、文化相同吗？还是因为其他因素的影响？你认为如何对消费者破产法律进行分类才能为有效地进行比较法研究奠定有用基础？这是否能够告诉我们一些有价值的东西，抑或这仅仅是在某些情况下的巧合？

第二章　整体制度的比较分析：美国与欧洲的庭外债务重组 19

比较法研究的另外一个常见陷阱是，只关注制度中那些似乎完全相同的方面。经常是“其他”制度中相似或者可替代的方面——正式或非正式的——用稍微不同但密切相关的方式处理问题。“破产”制度当然如此。正如前文所揭示的一样，很多用来描述欧洲消费者债务救济的词语并未采用“破产”字样进行表达，并且，相关的规定散见于各种法律中，因此，（在欧洲国家）寻找与“破产”相关的法律或法典与美国法进行比较，注定从一开始就是失败的。

在更微妙的层面上，仅关注那些调整债务救济的正式法律制度，只能是一种局部的观察。现代消费者债务救济制度至少从两个不同的层面来处理消费者的财务困境。① 与强制性债务救济的正 20

① 此外，所有的这些制度都包含了在财务困境中间接影响债务人—债权人平衡的因素。美国与欧洲的强制执行法均禁止债权人在执行生效判决时扣押某些特定类型的消费者财产。比如，衣物、某些生活家具和小物品、食物等，均“豁免”于债权人的债权追索。这类“豁免”因国而异，可以成为比较法研究

式法律制度并存的是，每个制度都或多或少地试图通过私人自愿的解决方案来避免对合同法的冲击。他们通常鼓励（也经常要求）债务人首先就其所负的清偿义务与债权人进行重新协商。契约的神圣性是这些制度中每一个私法领域的核心要素；确实，如果不是的话，就没有必要建立债务救济制度，因为债务人可以很简单地宣布他们不愿履行义务。出于各种理论与实践的原因，这样一个制度无法支撑我们所生活的现代商业世界。

因此，要理解这些“消费者破产”制度相较于其他法律制度是如何运作的，我们就必须考虑强制性债务救济制度之前的自愿协商制度，以及二者之间的相互作用。正如我们即将讨论的，这种“破产前”制度在当今大多数正式破产制度中都扮演着重要角色。在某些情形下，它代表着解决消费者财务困境问题的主要模式。当阅读下面的内容时，问问自己：为什么在有些国家，自愿的重新协商能够提供充足的救济，而在其他国家却不行？事实上，在这些似乎成功的制度中，自愿重新协商似乎确实可以提供充足的救济。

中一个单独且有趣的主题。此外，对于债权人的追索来说，大多数国家都对债务人的工资或其他工作收入进行一定数额的豁免。工资豁免将会在下文讨论到，因为它们在破产救济制度中占有十分重要的地位。尽管这些“豁免”立法并非旨在直接处理破产，但它们仍然影响到任何特定制度中正式破产救济的需求和程度。在本书讨论的所有国家中，立法机构都考虑到，对于处理广泛且长期持续的普遍的消费者破产问题，仅靠这些“豁免”制度所提供的保护是远远不够的。

本章首先概述美国的信贷咨询行业。相对于正式破产制度，美国的信贷咨询制度在其早期发展和当代作用中，展示了其他国家所使用的多重路径和面对的挑战。总体上，美国的制度为这个主题提供了潜在的相似以及有价值的介绍。其次，我们会把注意力转向法国“个人过度负债”正式制度的第一部分，我们将会看到，该制度是为消费者提供由国家斡旋（state-brokered）并对消费者进行最低干预的信贷咨询和协商制度的最初代表，现在仍然是主要的代表。与这一制度很相似的其他两个国家的制度可能被归于罗马法系，如比利时和卢森堡。② 最后，我们将研究信贷咨询与协商谈判在德国、奥地利、荷兰和瑞典等日耳曼法系国家中 21
所扮演的角色和发挥的作用。在此，我们将看到一个显著的进步，从过度依赖咨询协商部门并取得相应的成功，到此种成功率的急剧下降，并以瑞典最先放弃将咨询制度作为正式救济的先决条件而告终。

A. 美国的“信贷咨询”：重新协商而非破产

至少从20世纪60年代中期开始，许多美国消费者债务人都会通过私下寻求如何管理债务的建议来应对财务困境。为了

---

② 再次重申，对比利时和卢森堡的制度进行归类，并不带有政治色彩，也不是为了诋毁荷兰、德国的文化、法律以及其他影响因素。*See supra* Chapter 1, note 2.

不至于面对破产的公开性所带来的耻辱（stigma）和不适（discomfort），很多美国消费者都试图在信贷咨询行业的帮助下处理财务问题。美国的信贷咨询行业于20世纪50年代末至60年代初在商业银行的倡议下兴起，这些银行积极参与了向消费者发放贷款的新浪潮。为应对不断攀升的消费者违约率和个人破产申请，这些银行出资在全美境内发起建立了信贷“咨询”机构网络，其主要目标只有一个：鼓励并促进处于债务困境的消费者重新协商信贷条款，引导他们远离正式破产和快速免责制度。

1. 咨询与协商：一体两面

尽管“信贷咨询”在逻辑上涉及咨询，即建议和指导消费者通过预算和更加审慎地控制支出与借贷来管理他们的财务，但在美国，这一过程在很多情况下（如果不是大多数情况的话）会从简单的咨询发展为*重新协商*（renegotiation）。在本书感兴趣的案件类型中，当财务困境已经发展到超过了原本通过“东削西减”就可以让消费者重回正轨的阶段时，“咨询”或多或少是一种误称：信贷咨询顾问经常斡旋于债权人和债务人之间，促进双方就有关信贷条款进行重新协商，通过获得有限的让步使债务人重新控制好他们的还款义务，避免财务状况全盘崩溃。

22 在这种严重困难的情况下，“信贷咨询”最理想的结果（实际上是目标）是一种折中的还款安排，其通常被称为“*债务管理计划*”（debt management plan，DMP）。传统意义上，DMP通常要求在 3 ~ 5 年内全额偿还未清偿的债务（不包括住房抵押贷款和汽车贷款等有担保的债务）。债权人一般不愿意免除应计债务（债务本金）的任何一部分，但通常愿意在利率、费用以及还款期限方面给予有限的预期救济。为了鼓励债务人加入 DMP，一些债权人会减少利息和滞纳金，而且通常延长还款期，降低债务人每月的还款金额（尽管这样会增加贷款期限内包括利息在内的应付债务总额）。

这一制度架构传统上还包括了内置激励机制，让咨询顾问鼓励债务人避免破产并欣然接受 DMP。债权人最初向咨询机构提供所谓的“合理份额”（fair share），即债务人通过 DMP 向债权人支付的还款金额中 12% ~15% 的部分（不是那么仁慈但比较准确的是，这些支付可能被称为佣金）。这些“合理份额”的支付，代表着美国信贷咨询行业持续的主要资金来源。作为这种经费结构的一个有意的和合乎逻辑的结果，许多咨询顾问专注于让尽可能多的债务人加入 DMP，意在最大限度地偿还债权人，而不是想着向债务人提供最合适的救济方案。即便是有良知的债权人也会陷入进退维谷的两难境地：一方面是通过让足够多的债务人加入 DMP 以维持自己的资金，另一方面是将一些债务人推入注定要失败的还款计划。

2. 美国信贷咨询行业面临的财务挑战

在 20 世纪 90 年代末，情势变得雪上加霜。当时，信贷咨询业务体量剧增，但是许多债权人缩减了对这一行业的资金支持。技术的快速进步，加上消费者组合贷款的整合规模越来越大，使一些较大的机构债权人在内部进行催收更具有成本效益。当债权
23 人重新评估催收的成本，并与支付信贷咨询费用予以比较后，许多人得出的结论是，“合理份额”的支付增加了额外支出，成为咨询机构的不合理利益。债权人大幅缩减甚至取消“合理份额”的支付，将信贷咨询行业推到了边缘。

为了支撑摇摇欲坠的财务状况，有些咨询机构采用了价格方案和服务策略，将这种巨额资金需求转嫁到消费者债务人身上，这给消费者债务人带来了沉重的财务负担，但为相关的公司带来了巨额利润。随着国会对该行业的立法调查，几家关键的表现差的咨询机构要么退出市场，③ 要么修改他们的商业模式，采用更加合适的定价结构，以减少或者消除与相关营利性公司之间的利益冲突。咨询机构仍在努力寻找一种折中的方式：一方面，要从债务人和债权人处获得资金以维持经营；另一方面，又要忠于它们的使命，为消费者债务人提供有效的援助和引导。

2005 年 10 月 17 日生效的消费者破产法修正案，进一步增加了咨询机构的需求以及由此产生的财务压力。在美国漫长的破产

---

③ 讽刺的是，最有名的“表现差的咨询机构”，热衷大肆宣传的美国债务管理公司（AmeriDebt Inc.），在 2004 年 6 月申请破产保护。*See* In re *AmeriDebe Inc.*，Case No. 04 – 23649 – PM（Bankr. D. Md.）.

法立法史上，信贷咨询如今首次成为进入正式债务救济制度的先决条件。为了获准进入正式的破产程序，个人债务人必须提供官方批准的“非营利预算和信贷咨询机构”的证明。而要获得批准，咨询顾问必须满足破产法修正案中的一系列要求。审查和批准这些咨询机构，是监督全美正式破产制度的中央机构——美国司法部破产管理署（U. S. Trustee Program）的众多职责之一。

咨询证明必须证实个人在破产申请前180日内已经参加了“个体或团体的情况介绍会”（通过电话或者网络进行亦可），“情况介绍会”概述了其可用信贷咨询的机会，并协助其个人进行了相关财务分析。早期的惯例规定，经批准的咨询“情况介绍会”应该持续90分钟并且费用不得超过50美元，但“经批准的”咨询顾问对于无支付能力的债务人应当免除费用。这类证明所暗示的是，所描述的信贷咨询被证明是一种不充分的救济途径。

与德国、荷兰等国家的经验不同的是，通过互联网尤其是电 24
话进行咨询，有助于避免潜在的漫长等待期，至少从美国新制度第一年的实施经验来看是如此。尽管如此，对于咨询过程最终超负荷以及可能崩溃的担忧已经显现。很多咨询顾问忧心忡忡。“面对面”咨询可能受到限制或取消，取而代之的是用时较少和资源消耗更少的互联网和电话咨询。如果业务量在不久的将来如预期那样扩张，那么很多咨询顾问担心，将大部分或者全部业务降级为这种缺乏人情味的交流，会使原本有机会进行庭外和解的案件失去它们所需要的支持。此外，新法实施后仅几个月，美国咨询机构就开始抱怨这种强制性成本控制的破产前咨询耗费了数百万美元。直到今天，这种抱怨还在继续。业内调查显示，在新法实施后一年半的时间里，咨询机构不得不对占比约 16% 的“破产前”案件进行费用免除，而其余案件中的平均收费不足以覆盖机构成本。在处理了一大批负债累累的“破产前”客户后，咨询机构代表警告称，预计每年的预算缺口将超过 750 万美元。

3. 咨询目标——美国有所不同吗？

随着阅读的深入，需要思考选择性或强制性“破产前”咨询的目的。首先，通过咨询可以为消费者提供关于破产替代方案的信息，修复可感知的信息碎裂。这是美国新法立法史上所阐明的目的，也是支持新法的债权人代表所陈述的目的。但是，如果不能实现帮助消费者控制财务并避免破产的终极目标，这些信息又有什么价值？当然，提供替代方案的信息是值得赞赏的，但让消费者了解无效的方案信息，价值何在？在美国要求实施信贷咨询后的几个月，瑞典取消了类似的要求。当你阅读下面的内容时，请思考为什么这两个国家在同时期几乎朝着两个截然相反的方向
25 发展？是不是一个国家作出了好的选择，而另一个国家却没有？还是对于这两个截然相反的制度而言，不同的路径都是必要的？

其次，咨询可以让债务人做好管理自己财务的准备，并且在破产后成为一个健康的市场经济角色。尽管教育培训在任何情况

下都是有价值的，但需要考虑一下，最严重的财务危机时刻是否为最合适的“施教时机”（teachable moment）④。在债务人的财务状况基本恢复之前，他们是否能从有关今后有效使用信贷的咨询中受益，或者指导他们如何保持健康的生活方式，是不是听起来就很空洞？值得注意的是，美国现行制度的独特性在于，其架构是培训债务人在恢复经济能力后如何管理他们的财务状况。只有在美国，个人债务人在提起正式破产申请之后至获得破产免责之前必须接受财务管理培训。

最后，如上所述，“破产前”咨询（pre-bankruptcy counseling）最可能及最具有吸引力的目的是引导债务人与债权人开展非正式和解（informal workout）。至少在美国，在债务人准备寻求正式救济的绝大多数案件中，这种选择在理论上具有吸引力，但实际上却如闪烁的海市蜃楼。在美国，关于通过咨询和私下协商进行债务调整从而避免正式破产的消费者数量，并没有可信的官方数据，但最近的报告表明，信贷咨询的需求继续急剧上升，而债权人的让步幅度依旧较小。公开报告显示，咨询机构在 1988 年帮助了至少 25 万名客户，到 1996 年上升至 100 万名客户，至 2003 年至少达到 250 万名客户（甚至更多）。

如今，越来越多的美国消费者通过信贷咨询获得的救济越来

---

④ 感谢凯伦·格罗斯（Karen Gross）这一富有洞察力的概念。

越少。在20世纪90年代，行业官员表示，大约34%的消费者信贷咨询客户能够利用DMP解决债务问题，另外约34%的消费者能够通过简单的预算指导解决债务问题。但是，自20世纪90年代开始，债权人对接受DMP的消费者债务人的限制标准日益增加，有时这些标准对于咨询顾问来说并不明确。在20世纪90年代，债权人缩减了对信贷咨询的资金支持，同时也减少了对谈判
26 进程的实际支持。至21世纪早期，债权人越来越普遍地拒绝救济建议，并且，他们提供的可供促进协商和解的让步空间更少也更为有限。特别是法定的“破产前”咨询制度实施之后，信贷咨询行业报告及研究一致表明，只有约3%的破产前咨询客户能够转入双方都愿意的自愿协商。请思考两个方面的问题：为什么这个数据如此之低？为了让3%的债务人能够转入自愿协商，而让其他97%的咨询客户为此投入时间、金钱和其他资源，是否值得？

B. 重新协商：罗马法系的起源及轴心

罗马法系中的消费者债务救济是从不同立场出发的。没有类似的正式破产作为替代方案来供债务人选择通过信贷咨询转入。事实上，以法国为例，类似的正式破产救济制度经过了很多年才确立。依法国模式所发展起来的正式制度，在干预私人合同安排方面非常犹豫不决，因此，在几乎没有正式法律规定的情况下重新协商现有合同条款，从一开始就成为这些制度的唯一或者首要

选择。

即使现在，在实践中，**一致同意的重新协商**（consensual renegotiation）也不是这些制度中一个可取的替代选择或正式债务救济的先决条件；它是整个救济框架的中心焦点。这些制度的架构旨在诱使债权人接受谈判达成和解，并给予债务人寻求自愿协商（compromise）的充分激励。在这些制度中，正如我们将在第三章看到的，如果**一致同意的重新协商**阶段失败，那么对大多数债务人来说，强制性阶段所提供的救济，在救济的慷慨性、整体性以及可预测性方面，又远不及美国和日耳曼法系国家。虽然这种情况正在改变，尤其是在法国，但是这一改变显得慢慢吞吞、踌躇不前。当你阅读下面的部分时，请思考一下，受**《拿破仑法典》**（*Code Napoléon*）和法国民法哲学影响最大的制度，是否因为这个原因以及经济的、文化的或者其他原因而沿着类似的路线发展，还是仅仅是一种巧合。同样，也请思考如何解释这些在其他方面非常相似的制度之间的差异（政治、历史、经济、对政府监管的恐惧，或者其他什么原因？）。

1. 法国 27

法国消费者法典中关于“处理过度负债情况”的条款，建立了一个试图尽量少地干预私人合同安排并鼓励债权人和债务人自愿协商解决的制度。在大多数情况下，这种方法显然是成功的，因为多数案件都会以达成某种温和的妥协而结束。在法国所有消费者债务救济的案件中，只有一小部分案件通过强制消灭债务的方式处理。在阅读下文的讨论部分时，请思考为什么会出现这种情况。即与其他国家相比，法国的债务人和债权人更有力地连接在一起，是什么因素在起作用?

a. 个人过度负债委员会

法国的结构化信贷咨询是1989年颁布的早期消费者事务法（*Loi Neiertz*）的产物，该法旨在通过双管齐下的方式解决消费者债务问题。首先，这部法律引进了由法兰西银行管理的中央信用报告系统，这一系统强有力地激励债权人检查潜在债务人的信用状况。该系统只包括“负面”信息，也就是说，它是每一个消费者未能按时还贷的“不良记录”（incident）清单。这个系统又被称为“法国个人信贷还款不良记录系统”（*Fichier national des incidents de remboursement de crédits aux particuliers*，FICP）。立法者希望通过提醒债权人关注此类负面信息，防止贷款流向有高违约风险的消费者债务人。

其次，对于这些已经获得了贷款却面临（财务）困难的消费者来说，这一制度的第二种方式是建立了一个旨在鼓励庭外和解的框架。立法在法国大约100个县（départments，类似于美国的“county”）建立了官方的“个人过度负债委员会”（*commission de surendettement des particuliers*）。法国的债务人不是寻找私人的信贷咨询顾问，而是向这些委员会提出救济的正式申请。该委员会的主要任务与美国的信贷咨询顾问相似——寻求债权人的适度让步，使债务人能够恢复可控的还款能力并重新获得对债务的控制。在1998年修改法律之前，法国最初的法律允许委员会对债权人施以极少的强制救济措施。由政府发起的重新协商是唯一可行的债 28
务救济选择，而今天法国绝大多数案件仍旧是以重新协商达成的长期还款计划而结束。

法兰西银行是该**处理**系统的主要管理者，就像它管理**预防性的**（preventative）信用报告系统一样。法兰西银行不是商业银行，也不是这些案件中的债权人。它的功能很像美国联邦储备银行系统，支持并监督全国商业银行以及整个银行系统。法兰西银行在各个地区的代表担任各个委员会的秘书，负责收集关于每一个债务人的“过度负债申报”及与其有关的财务资料，并基于每个档案资料，拟订一个包含债权人适度让步的还款计划。一旦委员会批准了一项付款计划，法兰西银行就会介入债权人和债务人的谈判，在这一过程中充当中间人。债务人或任何债权人都不得提出计划——此特权专属于委员会秘书。因此，法兰西银行代表着这些委员会的主要公众形象，也是政策与实践的主要推动力量。

个人过度负债委员会中其余有表决权的成员是国家的行政官员或财政官员，他们的首要工作是确保每一个案件中的谈判解决方案在政策上是可接受的。尽管我们可以期待法兰西银行在促进一致性方面有重大影响，但各委员会中地方官员的存在导致各委员会的做法大相径庭。除了法兰西银行在当地的代表外，每个委员会还包括5位有表决权的成员和2位“咨询”成员。法兰西银行的代表（*préfet*）作为主席主持各个委员会，地方的司库长担任副主席，当地的财政服务主管首先从“政治上”分配每个委员会半数的投票权成员。另外2名成员由委员会主席根据以下机构的建议任命：(1) 信贷机构和投资企业协会（可能是“债权人”代表）；(2) 当地家庭和消费者协会（可能是“债务人”代表）。这些有表决权的成员得到2名咨询成员的协助，包括1名社会工作者和1名律师。社会工作者基于债务人个人和家庭的情况，能够就如何更好地拟订还款计划（可能还包括后续的非货币救济措施）向委员会提供建议。律师会核实债权人债权主张的合法性，并确保最终移交给法院的少数案件申请符合法律规定。

29 这些委员会并非司法机关的组成部分，没有司法机构监督这些委员会的活动，而且在委员会的程序中，债务人一般也没有代理律师。委员会的成立目的既不是强迫债权人同意提供债务救济，也不是解决债权人和债务人之间的争议。它们的目标是在债权人和债务人之间进行调解，以达成经济困境的友好解决方案。今天，这些委员会也会选择一些调解无望的案件，将其移交至相对较新的强制救济阶段，这会在第三章中讨论到。因此，尽管这些委员会的地位独特，但它们与美国和其他国家经官方批准的信贷咨询顾问一样，承担着组织协商和“看门人”的职能。

b. 达成还款计划的脆弱平衡

委员会的主要任务是促使达成共识，就债权人对不堪重负的消费者债务人的清偿主张进行**一致同意的重新协商**。在法国的这一制度中，只有消费债务可以重新谈判，商业以及职业债务不包括在内。只要委员会认定债务人是“过度负债”，并“善意”（good faith）寻求救济，⑤ 就会提出重新协商的方案建议，该方案试图兼顾债务人的清偿能力以及债权人合法的还款要求。与美国的信贷咨询实践相一致，重新协商的建议可以包括适度的救济措施，如推迟或者延长还款时间、全部或者部分减免债务、减少或者免除应计利息、设立担保或替代担保。任何一项或者所有措施都可以视债务人已经完成或者放弃任何行为而定，如变卖特定财产⑥或者避免任何新增债务。

正如下文中所讨论的，经过最初一段时间的债权人冷淡反应之后，庭外计划的协商阶段在法国取得了显著的成功。不幸的是，许多早期计划很可能注定要失败。尽管一再请求进行后续统计，
但仍然缺乏关于这些庭外清偿计划最终执行成功的具体比例数据。 30
事实上，非正式的协商令人印象深刻的成功率可能反映出（至少

⑤ “过度负债”在消费者事务法第一章的定义是“善意债务人显然现在不可能，将来也不可能清偿其全部非职业债务”。委员会和法院对“过度负债”和“善意”这两个有些模糊的概念进行了相对宽松的解释。最近，每年因缺乏“过度负债”或“善意”的要件而被拒绝的申请，平均比例相当稳定，为10%～15%。

⑥ 财产出售是这些庭外计划的罕见组成部分，通常涉及汽车或者不动产。

部分反映）那些由受到恐吓或盲目不知情的债务人签订的不切实际的计划。尽管有多种不同因素导致庭外计划的前景黯淡，但以下 3 类因素占据主导地位。

第一，正如在美国，债权人一般会拒绝提供过度负债债务人所需要的实质性救济。在法国和美国，债权人通常接受潜在可能的救济措施，如短期推迟还款、延长还款期限、适当降低利率。但是，正如美国一样，法国债权人对于债务人过去已经积欠的债务通常拒绝提供全部或者部分的免除。对于严重过度负债的消费者，潜在可能的救济只不过是推迟了难以避免的计划失败和再次申请救济的时间。为了重新获得财务控制权的现实机会，很多消费者需要减轻其既存债务负担，而不仅仅是暂停其债务负担的未来增长速度。

第二，法国的庭外协商计划的期限通常要持续很长时间。在支付持续的开支之后，很多债务人几乎没有多余的收入用于清偿旧债。即使一项旧债金额停止增加，如果每月仅能偿还很小的比例，那么还款期限也可能延长很多个月。尽管在最早期的时候，有些协商计划还款期限延长至 15 年，但大多数协商计划通常是延长 5 ~ 10 年。在 2004 年之后，法律将这些计划延长的还款期限制在 10 年以内，除非为了避免失去住房而需要更长期限来管理家庭长期住房按揭贷款。考虑一下，即便在这种适度的控制下，期待任何委员会或者咨询顾问去预测消费者未来 10 年的财务状况，有多少合理性？事实上，期待消费者保持10年的紧缩财务预算且不发生意料之外的开支或者财务中断，又有多少合理性？实际上，意料之外的开支以及财务中断，如离婚、失业、住院和长期疾病，即便不是导致严重财务困境的根源，也往往是导火索。

第三，最成问题的是，委员会难以在向债权人支付其所需要的款项和为债务人保留足够的资源以满足基本家庭需求之间达到适度的平衡。在每个延期还款计划的制度中，一个关键问题是，债务人的收入有多少可以留给债务人以维持其个人生活和支持家庭生活之需。在法国，可供分配给债务人个人以及家庭支出的债务人收入有一个专业术语：“剩余生活费用”（*reste-à-vivre*）。对 31
于任何还款计划来说，最关键的是要在要求债务人尽可能多地还款与不将他推到无法承受的边缘之间寻求微妙的平衡。委员会在这一微妙平衡中偏向债权人的做法，可能是法国制度中最严重的问题。

在消费者事务法实施的前10年里，允许委员会最大限度地决定可以留给债务人多少**剩余生活费用**，已经被证明是有问题的。委员会提出的计划通常只会留给债务人每人每年2300美元用以家庭支出，而且经常不会将债务人持续发生的公共事业、保险以及其他不明显的支出考虑在内。根据一项小规模的研究可以发现，在1992年至1993年签订的还款计划中，有58.5%的债务人每月仅靠180～360美元勉强度日。在一项针对2001年所签还款计划的更广泛的调查中，法兰西银行发现，比较慷慨的委员会制定的可供债务人使用的剩余生活费用，对单身债务人来说，平均每月只有500美元，无子女的夫妻是每月700美元，有两个孩子的夫妻是每月1000美元。不太慷慨的委员会允许分配给债务人的每月预算更紧，单身债务人每月不足300美元，无子女的夫妻每月不到500美元，有两个孩子的夫妻每月略高于800美元。

法国立法机构对这一问题的回应方式在欧洲破产制度中是相当常见的，它将普遍适用的工资豁免法（wage exemption law）作为满足债务人需求的保留基准（baseline reserve）。自1999年2月1日起，法律要求各委员会将普通执行法下所有不属于债权人扣押对象的收入都保留给债务人。事实上，法律只是将豁免收入描述为保留给债务人的财产数额的起点，并将此作为假定的“持续支出所需资金的一部分”。在各个委员会中，社会工作者委员的明确职能之一是，提出一个超出这个绝对最低限度的适当剩余生活费用标准的建议。

法国工资豁免法的总体情况很难概括，但一个基本的看法是，就能够保留的收入而言，较高收入的债务人可保留的收入比例低于较低收入的债务人，而收入最低的债务人几乎能够保留全部工资收入。法律依据2006年以来的近似数据和市场汇率，规定了债务人年工资收入的可保留比例。债务人年工资收入4000美元以下的部分保留95%，4000~8000美元的部分保留90%。以此类推，最低一档是20,000～24,000美元的部分，仅能保留约1/3。年工资收入超过24,000美元的部分，不受保护也不得保留，全部用于 32
偿还债权人。此外，如果债务人有需要照顾的孩子或者父母，在依据上述比例计算出上限之后，每一位（被照顾者）都可以使债务人年工资收入的法定保留金额再提高大约1600美元。因此，单一收入家庭且无子女的债务人，如其年收入等于或超过24,000美元，则可保留金额约为18,000美元。如果总收入等于或超过26,000美元，增加一个孩子将使债务人可保留收入的限额增加至20,000美元左右。

这些豁免似乎提供了相当慷慨的**剩余生活费用**，至少对于收入接近豁免范围极值的债务人来说是这样的。事实上，对于已婚夫妇来说，如果双方均有工作，则这些豁免适用于**每一个**人的收入，如果双方都有好工作，可保留的**剩余生活费用**限额就会翻倍。但是绝大多数消费者最终陷入财务困境，正是因为他们的收入并没有接近或超出这个收入范围的顶端（原因有很多，包括经济低迷或者长期疾病导致的失业）。法兰西银行于2001年和2004年开展的两项调查揭示，70%的债务人税后家庭年收入约为或略低于22,500美元。约有1/4的债务人的收入介于每年22,500美元与最低月工资或称各行业平均最低工资（*salaire minimum interprofessionnel de croissancem*，*SMIC*）之间（2004年6月的*SMIC*标准是每月1500美元，每年18,000美元），而近40%的债务人收入低于最低工资但是高于社会最低保障线或称福利救济（*revenu minimum d'insertion*，*RMI*）标准（2004年每月约525美元，每年仅约6300美元）。在许多情况下，这些债务人的收入大部分来自国家的转移支付，如住房、家庭及失业津贴。

从乐观的方面来看，关于还款计划，这些调查显示大多数委员分配（给债务人）的**剩余生活费用**在近些年已经有了大幅增长。法兰西银行对于2001年早期的还款计划的审查表明，65%的计划中留给债务人的金额是每月1000～1875美元。到2004年，将近72%的计划处于这一金额范围，极小比例的债务人（约3%）的可保留金额高于这一标准。其余的则是在最低保障金额（每月525美元）与每月1000美元之间，绝大多数债务人都在最低限额之上。这预示着这些计划的可行性，尽管还款计划期限过长仍旧是一个潜在的严重问题。

c. 还款计划接受率的持续走高

尽管就最低还款能力的谈判存在很多困难，委员会在绝大多
33 数案件中仍然能够说服债权人和债务人同意达成一致意见。1990年，也就是新法实施的第一年，债权人接受委员会主导的庭外自愿达成的还款计划的比例仅为45%。至1991年，这一比例上升至58%，至1992年上升至62%。这一比例的上升在很大程度上要归功于法兰西银行的竭力游说。在新制度实施的头几年，面对各类机构债权人的阻挠态度，由法兰西银行组成的工作组成功说服他

们的信贷机构组织支持这项新法律。这一游说努力促使债权人合作的热情高涨起来。1992～1996年，债权人和债务人协商一致同意还款计划的案件比例超过60%，1997年至今，委员会经管的案件中有60%～70%是以协商的还款计划结案的（尽管近年来越来越多的案件已转至2004年引入的更具强制力的救济程序，下文将予以讨论）。

因此，在大多数情况下，法国的消费者过度负债制度与美国正式的消费者破产制度几乎没有共同之处。相反，它在架构及结果上，更像美国的个人信贷咨询制度以及债务重新协商制度。我们在下文中可以看到，法国的制度最近增加了强制性债务救济的元素，这**确实**与美国的消费者破产制度类似，但是出于比较法研究的目的，为了更好地理解法国的制度，可以将其视为半正式（semi-formal）的**一致同意协商**，而不是强制的正式干预。请再一次思考，这方面的制度为什么能够在法国占据主导地位，而在美国（以及在后文中讨论的其他“日耳曼”法系国家）却截然相反。

2. 卢森堡：另一种成功的调解模式

卢森堡采取了第三种路径作为解决消费者财务困境的第一阶段——这种方法与西欧其他大部分国家采取的方法类似。不像美国将信贷咨询留给商业银行而政府袖手旁观的路径，也不同于法国建立一个全新的受国家控制的委员会体系让政府积极亲力亲为的路径，卢森堡寻求社会福利导向的私立咨询顾问为过度负债消费者提供指导帮助。20 世纪 90 年代早期，一些非营利组织开始向消费者提供免费的债务咨询服务并将其作为社会福利使命的一部分。1993 年年底，国家注意到并正式认可这种活动，这些组织与卢森堡政府的家庭部（the Ministry of Families）达成一致开展
34 合作，并开始在一个协调一致且国家支持的咨询项目框架下进行运作，这一项目被称为“抗击过度负债的国民服务”（National Service for the Fight Against Overindebtedness）。

卢森堡在 2000 年最终采用了一种正式的法定消费者债务救济制度，它非常依赖法国模式，但又整合了自己现有的、独立的、由国家支持的咨询结构。与法国很类似，卢森堡的债务人需要向一个非司法机构提交书面的救济申请。与法国制度不同的是，卢森堡的管理机构虽然受到国家支持，但在很大程度上保持独立。“国民服务”机构的最初使命仍在继续，因为它们仍然为消费者提供免费咨询，并和政府机构共同商议与消费者债务有关的政策。而且，除了提供免费咨询，这些机构目前还管理着消费者破产程序的第一阶段。

另外两个“国民服务组织”⑦ 运作着一个所谓的“关于过度

---

⑦ 这两个组织分别为发展与互动组织（Inter-Actions Faubourgs, www. inter-actions. lu）和卢森堡医疗预防社会行动联盟（Luxembourguish League of Prevention and of Medico-Social Action, www. ligue. lu）。

负债的信息和咨询服务系统”。正如法兰西银行在法国制度中所做的一样，每一个服务组织都要对申请进行准入审查，即对其准入资格进行审查,⑧ 收集每个债务人的个人及财务状况信息，并提出解决债务人还款问题的行动方案。然而，鉴于它们的立场，这些服务组织在控制每个案件的进程方面，比法兰西银行有着更多的灵活性。法国的债务人直接向法兰西银行提交债务救济的正式申请。卢森堡的债务人则直接向这些服务组织申请获得建议和指导，正如美国的债务人直接向信贷咨询顾问申请一样。在大多数（如果不是全部）情况下，只有在这些服务组织做出认为不可能 35
达成协商一致的解决方案且最终可能需要强制救济的决定之后，债务人才能根据服务组织的建议申请正式的破产救济。

在法国，每一项和解计划都要经过个人过度负债委员会的批准，法兰西银行在消费者债务方面的行动与正式程序密不可分。相较之下，卢森堡的服务组织继续他们之前的咨询任务。在很多情况下，与美国的信贷咨询顾问所做的工作一样，服务组织通过说服债权人同意一些类似的适度让步（临时延期、降低利率、延

---

⑧　与法国法不同的是，卢森堡和比利时的法律并没有将债务人的“诚信”（good faith）作为申请救济的条件。比利时和卢森堡的立法者都明确摒弃这一救济要求，部分原因是法国在应用这一条件时所遇到的麻烦，特别是不同委员会和法院对这一概念的解释存在很大的差异。比利时和卢森堡唯一相似的条件是，债务人不能“明显地组织其破产”。立法史解释说，这并不是意味着债务人直接承担了超出合理预见还款能力范围的债务，而是说他以欺诈或犯罪的方式破坏了债权人的贷款。

长总还款期限)，解决在正式破产程序之外的一些案件。出于实践的考虑，服务组织因此充当着正式破产程序的非正式“看门人”，只有在最终可能需要更多强制救济的情况下，才会戴上“破产管理人”的帽子。因此，尽管法国和卢森堡的法律与美国一样，没有将信贷咨询作为一个正式救济制度的前置程序，但债务人只有在信贷咨询之类的机构判定非正式或半正式的协商程序已经或者注定要失败的情况下，才能进入正式破产程序。

对于特别困难的案件来说，相关服务组织可以像法兰西银行那样，向专门为管理正式破产制度成立的“调解委员会”(Mediation Commission) 提交一份拟订的庭外协商计划。与法国的个人过度负债委员会很像的是，“调解委员会”由6名成员组成，这6名成员大致代表了均等的利益。卢森堡政府的家庭部每3年重新任命一次委员会成员，从以下3个组中各选出2名成员：政府代表（其中1人担任主席)、消费者信贷专业人士以及消费者债务咨询专业人士。通过6名成员的投票多数决方式（主席的投票可以打破僵局)，“调解委员会”可以批准服务组织的拟订方案，或者在修改之后提交给债权人。

通过这种方式，卢森堡的制度就像法国的个人过度负债委员会所做的那样，对协商计划的内容进行了同样的“政治”审查。调解委员会隐含的实际职能与法国的委员会如出一辙。在这个阶段，每一方对于谈判过程都只能施以很小的强制性影响。债权人

(在这一阶段) 不能被强制作出同意任何的让步，他们必须一致同意拟订的解决方案。理论似乎是这样的，将调解委员会置于中立管理者的地位，容易说服债权人相信债务人拟订的和解计划确 36
实是正确的解决方案。法国的个人过度负债委员会和卢森堡的调解委员会都只是为本来就是私下协商的进程增添了庄严和公正。

卢森堡的大多数案件都是在最早期的非正式阶段处理的，不需要像调解委员会那样的庄严。这些服务组织似乎正相当成功地继续履行其最初的职能，为债务人提供财务预算建议以及促进与债权人的非正式协商。第一个正式申请进入新破产程序的案件是在 2001 年 11 月底向上述两个服务组织之一提起的，第一份拟订的协商计划在 2002 年 2 月底被提交给调解委员会。但是，在整个 2002 年和 2003 年，服务组织启动正式的过度负债程序并向调解委员会提交方案的案件只有 42 起。同一时期，服务组织接受了 557 起咨询案件。2004 年和 2005 年，服务组织至少接受了 400 起新的债务咨询申请，但只有 21 起案件提交到了调解委员会。因此，只有很小比例且呈下降趋势的财务困境案件，能够通过基本的咨询阶段和协商程序进入正式程序的“调解”阶段。

在需要更多的努力去推动债务人和债权人达成协议的案件中，调解委员会似乎取得了相当大的成功。在 2002 年提交给调解委员会的 31 起案件中，有 18 起（约占比 58%）达成了双方协商一致的还款计划，但是在 2003 年的 11 起案件中，只有 4 起（约占比

36%）达成了还款计划，2004 年的 6 起案件中只有 1 起（约占比 17%）达成了还款计划，2005 年的 15 起案件中只有 6 起（占比 40%）达成了还款计划。这些数字削弱了百分比比较的统计意义，但调解委员会似乎充其量只是一个小小的成功。

卢森堡政府最近的建议认为，修改消费者债务救济制度的时机已经到了，从某种程度上讲，这是为了实施一种更加以“个人破产”为导向的制度，更注重于债务免责，而不是就债权人和债务人的还款计划进行斡旋。但是，就目前而言，正如法国一样，卢森堡的（消费者债务）正式救济制度更多的是促进协商和解，而不是强制救济。从表面来看，协商和解只有在极少数情况下是一种不充分的救济方式。请再次思考，为什么在法国和卢森堡是这样，而美国却不是这样——是什么因素导致了协商和解制度各自的成功和失败？

37 与法国不同的是，调解委员会拟订的协商计划的期限和内容几乎是不受监管的。法律并没有规定为债务人保留最低预算额度，而是模糊地要求该协商计划能够提供充分的物质支持，以允许债务人维持“人的尊严”（human dignity）的生活。该类计划提前执行完毕的数量在上升，这也间接说明了这类计划的相关内容。调解委员会的前两个计划在 2002 年执行，已于 2003 年结束。其中一个计划结束是因为全部债务已经清偿完毕，另一个是因为只剩一名债权人，债务人与债权人制订了另外的附加协议。类似地，另外两个计划（2002 年与 2003 年各一个）于 2004 年因全额清偿而结束，还有两个 2002 年的计划在 2005 年 1 月结束。因此，2002 年开始的 18 个计划中，有 5 个（约占比 28%）在 3 年或更短的时间内成功完成；而 2003 年开始的 4 个计划中，有 1 个在不到 2 年的时间内结束。这是否意味着前述思考的问题有了可能的答案呢？

3. 比利时：为调解三呼喝彩？

与法国及卢森堡的“行政性”程序不同，比利时的程序至少在技术上植根于司法制度。它始于债务人向当地地区法院提出债务救济申请。但是，第一阶段的这一程序并非为了对抗性诉讼而设计。法院会对申请进行简单的审查，确保债务人符合债务救济的资格（他们确实属于无力偿债，并非欺诈使然），然后站在一旁支持随后的调解进程。

在正式的法庭案件启动之后，比利时的程序继续在法庭外进行，这与法国和卢森堡的情况很相似。债务人必须在申请书中同时提名一位“债务调解员”（*mediateur de dettes / schuldbemiddelaar*），并由法院立即进行任命。当法院仍处于旁观位置时，债务调解员负责控制协商进程。每个法院通常都会有一份被认可的债务调解员名单，债务人可以从名单中选择提名。尽管调解员的首要任务是起草计划并移交债务人和债权人以供取得一致同意，但如果明确难以获得债权人的同意，调解员可以选择放弃协商程序转而直接进入法院的强制程序（后文在第三章会讨论到）。此外，38 正如在其他罗马法系国家一样，比利时的债务人要进入破产制度的强制性阶段，必须先经过初步的且基本无组织斡旋的调解阶段。

就理论上而言，法院可以从律师、官方催收员、有执照的公共或者私人消费者咨询机构中选择“债务调解员”。但实践中，立法者希望“债务调解员”几乎都是（事实上目前的大多数案件是）债务人所在地区的政府许可的债务咨询服务机构。事实上，在大多数情况下，债务人寻求当地公共咨询中心的帮助，以收集整理他们的申请书和直接发起债务救济案件所需的复杂财务信息。比利时消费者信贷咨询系统由遍布全国的超过 500 多个拥有国家执照的“社会援助公共中心”（public centers of social assistance）组成。[9] 因此，消费者可以广泛地求助于这些中心，而且，这些中心比律师更有可能接受消费者债务案件，至少有一个重要的原因是，皇家命令将债务调解员可收取的服务收费标准严格限制在一个很低的水平——平均而言，收集信息并拟订计划的收费约为 600 美元，管理一项被接受的和解方案所收取的费用为每年 400 美元。因此，虽然技术上没有强制要求进行非正式咨询或者协商，但就如同卢森堡一样，比利时的大多数债务人只有通过国家支持的信贷咨询顾问的推荐和帮助，才能进入正式

---

⑨ 这些中心的分布如下：177 个在南部瓦隆尼亚法语地区，297 个在北部弗兰德斯荷兰语地区，29 个在首都布鲁塞尔。

的破产程序。

与卢森堡如出一辙的是，债务调解员有权起草最适合解决债务人还款问题所需要的任何协商计划，只要拟订的计划维持了债务人“过上符合人的尊严的生活”的能力。计划的时间期限不同，有的案件中期限达到10年甚至更长。一项2004年夏天针对40位债务调解员的非正式调查显示，在比利时南部法语地区和布鲁塞尔地区，协商一致的计划平均持续期限不到82个月（6年10个月）。这份调查还表明，预算保留份额在不同的债务调解员之间差别很大，但是协商一致的计划似乎通过适度适宜的预算保留，为大多数债务人提供了合理水准的“人的尊严”。无子女的单身人士和夫妇平均获取略微足够的预算（大约每人每年12,000美元），每增加一个孩子，预算会增加3000美 39
元。有多个孩子的夫妇压力更大，平均每年的预算保留总额只有21,500美元左右。当然，很有可能，有多个孩子的家庭收入远远比其他（家庭）少。粗略对比一下，对于处境相似的美国债务人，2004年收入贫困线比这些金额低几千美元（但有些情况下没有这么低），大概如下：单身人士9800美元；单亲父母13,000美元；无子女的夫妇12,650美元；有一个孩子和两个孩子的夫妇分别是15,200美元和19,150美元。

与法国和卢森堡的趋势一致，比利时的调解过程已被证明是相当成功的（不过，“成功”地达成计划，并不一定意味着计划的完成就“成功”解决了债务人的问题）。通过这一程序的案件相对较少，迄今为止，只有42%的达成还款计划的案件结案。在新法律实施的前7年里，至少对于那些积压如山的案件来说，在所有完全执行的案件中大约有70%的案件，是由调解员通过协商一致的方案让债权人和债务人走到了一起。

C. 信贷咨询和调解在日耳曼法系中的渐微

鉴于破产前信贷咨询的新要求，美国的制度已经转向了欧洲德国、荷兰、瑞典等被称为日耳曼法系的国家所采取的路径。当你阅读下面的章节时，请思考一下，是罗马法系的成功还是日耳曼法系中破产前协商的失败，更可能预示着美国未来将要发生的事情。

1. 德国（和奥地利）：行政拖延和喜忧参半的结果

就理论上而言，德国消费者破产法的主要目标一直是鼓励并促进债权人与债务人公平地执行庭外债务安排。正如现在的美国
40 法一样，德国法律要求每一个寻求进入正式破产程序的债务人，必须提交一份在过去6个月内尝试庭外和解未果的证明。也与美国一样，协商和解的相关条款是完全不受监管的，但是债务人必须获得某个官方批准的“适格的个人或者机构”的支持。德国的各州（*Länder*）负责确定哪些“个人或者机构”是适格的，最常见的两类主体是律师和国家支持的债务咨询顾问。正如比利时一样，德国的律师拒绝接受劳动量密集、收入低微的消费者破产

案件。

因此，德国债务人在协商谈判中最经常得到的是遍布全国且受国家资助的债务咨询中心（*Schuldnerber-atungsstelle*）的支持。如同大多数欧洲国家一样，德国政府当局通过在全国发起或支持各种消费者债务咨询中心，应对急剧上升的消费者过度负债的发生率和严重性。这一“行业”自20世纪50年代末期在德国兴起，以照顾战后爆发的第一波积极消费借贷潮中的受害人。在20世纪80年代中期，随着放松管制推动消费者借贷的爆炸式增长，咨询（机构）数量也急剧增加。

与美国不同的是，德国的咨询顾问与债权人没有关联，也不是由债权人支持，他们对债务人采取更加追根究底的、面对面的方式解决其财务困难。电话和网络咨询在德国非常少见，尽管已经有人开始主张并开始更多地采用这些方式（特别是在一些大的城市，如柏林）。因此，相较于美国，德国的咨询过程要耗费更多的人力以及时间成本。巨大的咨询需求和咨询顾问的严重不足，从一开始就造成了这一制度的严重“瓶颈”，破产案件数量的逐年递增更是雪上加霜。各州所提供的财务支持通常捉襟见肘，债务咨询中心没有足够的人力为寻求破产救济程序的债务人提供充分的支持。尽管德国全境已经有1000多家公共债务咨询中心，但在德国破产法通过的最初几年，有一半的咨询中心，债务人第一次预约咨询顾问需要等待2～8周，而其余机构的等待时间则长达

3 个月至 1 年。

41 尽管结果因地区而异，但很多州的债务咨询中心已经相当成功地为他们的债务人客户提供了非正式的帮助。虽然现有的统计信息在数量及可靠性方面可用的相对有限，但各州的债务咨询中心最近报告的关于达成协商计划与获得协商失败证明的比例在 1∶1 与 1∶10 之间。也就是说，在财务困境严重到需要债权人作出让步的案件中，咨询顾问促成了 10% ~50% 的协商一致的方案。然而，如此令人印象深刻的成功率，在有些案件中要归功于区域组织的支持，它们为债务人提供贷款，帮助债务人向债权人作出一次性清偿，以此吸引债权人接受一项（协商）计划。2001 年，德国联邦范围内债务咨询中心促成庭外协商计划的平均比例略高于 30%，尽管在过去的几年中这一比例似乎有所下降。

自 20 世纪 80 年代末以来，奥地利各地都存在一个类似的公共消费者债务咨询顾问系统。不过，无论是在事实上还是在法律上，奥地利都不把债务人申请与债权人进行协商作为债务人寻求正式救济的先决条件。[10] 只有那些没有资金支付正式破产程序诉

---

[10] 奥地利的正式破产制度有点像比利时，首先是强制提出一项长期（5 ~ 7 年）还款计划，在大多数债权人均接受的情况下，就可以将该计划强加给持反对意见的少数债权人（见下文第三章）。与罗马法系不同的是，奥地利法律对于还款计划条款的架构性要求较多，人为地加强了债务人的谈判地位，不过，在我看来，奥地利的制度属于日耳曼法系。尽管如此，奥地利可能并不要求与债权人开展庭外协商，但它确实要求在每一个案件中至少与大多数债权人开展正式协商。

讼费用（通常在25美元与185美元之间）的债务人，才需要在获批准的咨询机构的帮助下，与债权人进行申请破产前的协商。在奥地利，债务人自己的宣誓书（而不是咨询机构的宣誓书，如德国和美国）证明与债权人协商无望或者协商尝试失败，在技术上就足以支撑启动正式的破产程序。尽管如此，一些债务人仍旧尝试与债权人进行非正式协商。咨询机构参差不齐的报道显示，咨 42
询机构促成庭外协商计划的成功率与德国相似。比如，在2001年，奥地利有37%的非正式庭外还款计划被债权人接受。

2. 荷兰：一致同意的重新协商令人失望地衰退

与美国和德国一样，荷兰的消费者破产法律也将庭外还款计划的协商，作为进入正式消费者债务救济程序的强制条件。它与美国、德国法律完全相同的是，要求债务人的申请中包含一份声明，解释为什么“不可能达成庭外债务恢复安排”。该声明必须由债务人所在地的市政当局出具，或者更常见的是由地方当局授权的信贷咨询机构出具。

在通常情况下，荷兰地方当局将该项职权授权给地方“市政信贷银行”，它们是地方信贷咨询服务的主要提供者。与美国一样，荷兰的信贷咨询制度在很大程度上是由银行发起并支持的，只是这些银行非同寻常。自20世纪30年代开始，荷兰的信贷法规就对营利性的消费者借贷施以严格限制，但他们鼓励市政当局成立地方的非营利银行，由地方市政委员会提供资金并受其控制，向消费者市民提供低息贷款。因此，市政信贷银行（*gemeentelijke kredietbanken*）应运而生。20 世纪 50 年代，当金融公司和商业银行在战后消费者借贷热潮中重新占据主导地位时，市政信贷银行承担了一项新的使命：信贷咨询。如今，市政信贷银行是荷兰破产前信贷咨询的主要提供者，尽管其他社会服务机构和一些私人组织也提供类似的咨询服务。

在评估信贷咨询和协商让步的请求时，市政信贷银行根据《债务安排行为准则》（*Gedragscode Schuldregeling*）分析还款计划的可行性，该准则自 1979 年以来一直代表着荷兰消费信贷重组的黄金标准。根据该准则，消费者债务人向当地的市政信贷银行
43 提交一份债务安排的申请，并附完整的财务信息，市政信贷银行根据债务人的还款能力和债务负担，判断债权人是否可能接受标准化的 3 年期还款计划，其中包含冻结利息和催收费用的内容。

在 2001 年之前，市政信贷银行通常要求债务人在 3 年计划期限内，将超出法律规定的“社会救助最低标准”（基本上是社会福利水平）94% 的收入用于偿还债权人。如今，大多数市政信贷银行采用了一个更加复杂的系统来决定债务人可以保留多少收入，以及他们必须用于偿还债权人的数额（将在下文第三章中予以详细讨论）。与德国一样，荷兰的一些地方向债务人提供补助以减轻他们的债务负担，增加能用债务人收入偿还债务的比例，以此提

高说服债权人接受还款方案的可能性。然而，在1998年正式的消费者破产法通过后，很多地方已经减少或者取消了这些补助。

迫在眉睫的问题是，对于计划项下3年内无法清偿的债务金额，债权人是否同意免除？传统上，在大量的案件中，荷兰的债权人愿意免除债务本金的5%～90%。如今，这种情况似乎正在发生戏剧性的变化。

20世纪80年代，除极少数情形外，债权人都接受了市政信贷银行建议的计划条款。到了90年代，激增的案件数量开始给这一制度带来压力，计划的接受比例骤然下跌。每年向市政信贷银行提起债务咨询申请的数量，从20世纪80年代早期的13,000件增加到1992年的19,000件，至1998年飙升至31,500多件。但是，还款计划的接受数量稳定保持在平均每年10,000～11,000件。通过协商达成自愿安排的成功率，从1992年的略高于50%急剧降至1994年的35%，这一比例至1998年基本保持不变。在1998年通过新的正式的消费者债务救济法之后，债权人接受非正式债务安排计划的意愿进一步降低。信贷咨询案件中达成可接受的还款计划的比例在1999年降至28%，2003～2005年则断崖式下跌至15%。在最近3年中，向市政信贷银行提出债务调整申请的数量从34,500件继续攀升至43,000件，但是债权人实际接受的还款计划的数量下降到每年5000件至6000件——是20世纪90年代每年可接受的还款数量的一半。荷兰信贷咨询顾问称，由于 44

正式破产程序提供了清晰、可预见的替代方案，债权人选择协商计划的意愿比较低。⑪

即便成功协商的概率相对较低，也值得低成本的尝试。但有人好奇，这些结果是否值得投入大量时间。就像在德国一样，组织与债权人协商达成自愿还款计划的过程，往往会严重拖延荷兰消费者债务人获得所需救济的时间。在不同地区以及不同个案中，拖延情况也大相径庭，但债务人面临的迟延主要有以下两种：第一，据估计，在2/3的荷兰市政当局，消费者需要等待2～6个月才能预约到当地的债务咨询顾问。第二，与债权人的沟通并没有想象得那么有效。可以理解的是，债权人并不像债务人一样将回应债务安排建议视为一件急需事项，极少数的“钉子户”债权人需要债务咨询顾问花费更多的时间来催促。启动的等待时间和与债权人反复地协商，经常导致3～9个月乃至更长时间的拖延。随着消费者破产法的实施，要求必须通过市政信贷银行和其他咨询顾问之后方能进入正式程序，这一问题也日益严重。

3. 瑞典：倒戈弃甲

直到最近，瑞典的消费者破产法才像刚才讨论的其他国家一

⑪ 这是一篇特别有见地的讨论，论述了为什么在正式法律中采用一种更密切监控和可预测的替代方案，会使债权人的动机转向拒绝非正式债务安排，参见 Nick Huls，Nadja Jungmann & Bert Niemejer，*Can Voluntary Debt Settlement and Consumer Bankruptcy Coexist? The Development of Dutch Insolvency Law*，in Consumer Bankruptcy in Global Perspective 269，273，274－75& tbl. 1（Jonhanna Niemi-Kiesilainen，Iain Ramsay &William Whitford eds.，2003）。

样，规定了破产前信贷咨询和协商的要求。任何正式的消费者案件必须以所谓的“第一阶段”开始，即债务人“自行”尝试与债 45
权人达成自愿的协议安排。与其他国家一样，如果全体债权人一致同意接受债务人的还款计划，这个案件即以达成了协商计划而结束，不过，债务人很可能因这个计划过于雄心勃勃而重新回到谈判桌上。如果任何债权人拒绝自愿还款计划——这是更常见的情况，案件将进入“第二阶段”，即申请进入第三章讨论的正式的债务调整制度。

从理论上讲，要求债务人尝试与债权人进行“第一阶段”的非正式协商，应该是为了强调债务人自己对其财务问题承担控制和管理的责任。这一必要的步骤被称为“自行尝试”（*egenförsöket*）。当然，实践中，消费者很少有能力做这样的自行尝试。大多数债务人依靠预算和债务咨询服务（*budget-och skuldradgivning*），瑞典法律要求所有的市政当局向居民提供该项服务。在瑞典近 290 家市政局中，预算及债务咨询的实用性和质量参差不齐，但是，少量关于预算及债务咨询结果的统计显示，这一程序已经帮助很多债务人通过与债权人的非正式协商方式解决了财务困境。在 2002 年和 2003 年由咨询顾问建议的还款计划中，债权人接受非正式还款计划的比例为 40%～45%。

在评估这些数据以及前述其他国家接受协商还款计划的数据时，应当考虑这些债务人是否可能已经成为正式债务调整程序的实际候选人。在消费者财务困境的世界里，至少有两类债务人：一是面临轻微或临时经济挑战的债务人；二是个人经济状况已经完全崩溃的债务人（原因多种多样）。第一类债务人可能无须其他，只需要一次“住院式”（in-patient）的信贷咨询以及债权人的轻微让步，就可以重回正轨。第二类债务人可能非常需要介入性的重建手术方能恢复财务健康。瑞典所报告的以接受还款计划结束的案件中，可能与一些国家（如卢森堡）的大部分案件相似，有偿付能力或者接近具备偿付能力的债务人，可能只是需要寻求一些使各类（还款）义务变得井然有序的帮助。但是，其中有多少是陷入严重财务困境的债务人，对他们来说，哪种正式的、
46 强制的救济才可能是适宜的？作为政府机构的瑞典消费者服务局（*Konsumentverket*）收集了这些数据，其持续的报告已经观察到，在负债较重的案件中（超过200,000克朗，约37,500美元），“第一阶段”的还款计划提议往往注定徒劳无功。

遗憾的是，获得的公开统计数据很少揭示哪一类债务人是报告中协商计划执行成功的代表。瑞典的情况即如此。公开的咨询统计并没有列出相关的财务信息，特别是针对那些提交协商报告的债务人（区别于所有寻求任何咨询建议的债务人）。因此，在有资格进行正式债务调整的消费者中，只有40%～45%的债务人接受（还款计划），这一比例明显偏低。代表性不足。

此外，目前还不清楚那些计划被接受的债务人是否真的完成

了他们的计划。瑞典咨询顾问报告称，他们有时会提出计划，号召债务人将超出5年以上的豁免收入偿还给债权人。一方面，期限较长的还款计划给予债务人更多的时间以小额方式清偿大额的债务（如超过30年的助学贷款）。另一方面，如果债务人在这段延长期限内被迫勉强度日，没有为不可预见的支出或者收入的中断预留缓冲资金，那么较长的期限反而为可能发生的违约提供了更多的时间。一项20世纪90年代末期开展的小型研究表明，持续时间10年及以上的非正式计划并不罕见，这些长期计划的失败率相当高——大约70%，这不足为奇。即便在那些经过非正式重新协商并以接受计划取得“成功”的案件中，在债务人无法满足它的要求时，这一“成功”往往也只是勉强的或者说是暂时的。

在瑞典，早有声音呼吁应当废除“第一阶段”的要求，认为这是毫无意义地浪费时间。主要的抱怨是，如同德国和荷兰，这一阶段对急需迅速救济的债务人会造成严重拖延。“第一阶段”等待时间存在很大的区域差异，短则2~4周，长则可达9个月，才能等来与咨询顾问的首次会面，接下来是需要长至10~17周的时间起草协商计划，然后再需要7~10周甚至更长的时间等待债权人表达同意或反对。总体而言，在寻求正式救济之前，瑞典的
债务人平均需要花费7个月的时间去尝试与债权人达成某些和解 47
计划。就像在荷兰一样，至少对于有资格申请正式救济的债务人来说，这一漫长的过程几乎不值得等待。在绝大多数最终需要考

虑进行正式债务救济的案件中，债务人几乎无法提供任何东西以获得债权人减免债务或者做出其他让步。就连很多债权人代表也认为，非正式的协商过程在许多案件中“几乎毫无意义”。

一位负责评估消费者破产制度的官方调研员得出结论称，这一强制性的咨询协商阶段“没有真正发挥作用，反而推迟了对那些本来符合接受债务调整法律要求的债务人进行评估”。立法者已经注意到了这一建议，也认可强迫每一个债务人都寻求与债权人自愿协商以解决迫在眉睫的财务困境是一种例行公事的浪费，与当今很多债务人不堪重负的债务压力的现实相脱节。

政策制定者清楚地认识到消费者预算和债务咨询的持续性需要和价值。确实，他们取消了强制性的非正式协商过程，这在很大程度上是为了让咨询顾问将他们的注意力和资源集中在那些很有可能进行和解的案件。强迫咨询顾问在每一个案件中，包括那些大量的协商无望的案件，都要与债权人进行协商，过度分散了他们的注意力，并稀释了他们的资源。瑞典立法者不再注重破产程序中的咨询，而是强调它在非正式救济案件中的功能作用。

预算和债务咨询顾问反对取消“第一阶段”，他们认为，许多债务人直到咨询顾问帮助他们控制了总体财务状况后，才“准备”接受正式的债务调整。同样地，一些政界人士坚持认为，应当强制债务人通过“第一阶段”，以确保他们的个人责任，避免降低还款的正当性、破坏契约神圣性和增加整体信贷成本。不过说到底，立法机关的初衷已经不是让债务人在提出破产申请前就恢复无望的财务困境接受强制性的债务咨询，而是让他们在尽可能的情况下主动与债权人协商解决问题，通过自行努力来避免破产。这一意图的两个方面均宣告失败。大多数债务人要么是不能解决问题，要么是不能自己解决问题。

因此，自2007年1月起，瑞典消费者在申请正式的债务救济 48
之前不再需要先行咨询。瑞典在欧洲大陆率先废除以庭外信贷咨询和协商作为正式救济程序的先决条件的制度。瑞典债务人仍旧可以从当地政府支持的咨询服务机构寻求预算和债务咨询服务，但是在大多数案件中，既不需要先行咨询，也不需要与债权人进行协商；瑞典债务人只要在符合法律要求的情况下，就可以启动正式的债务救济程序，这将在下一章进行详细讨论。

49 问题讨论

1. 你认为法律是否应当规定，在解决财务困境时应该要求以非正式协商阶段作为启动正式救济的强制性先决条件？是适用于全部案件还是部分案件？为什么？如果适用于部分案件，应当是哪类案件（是债务人收入高还是债务少，或者二者兼有）？是否成本（包括拖延、所需人力和物质资源）超过收益的情况？如果真有的话，你认为美国法律人与法国或德国的法律人会有哪些不同的回应？为什么？

2. 法律应当对自愿的协商计划条款施以限制吗（如在所有案件中对债务人的限制不得超过5年，并对可保留收入规定最低水平）？在这种背景下，支持契约自由或者限制这类自由的实践和/或理论原因是什么？回顾一下，有时债务人会同意需要在很长一段时间内作出巨大牺牲的计划，如果债务人无法履行（可能是在已作出多年的牺牲之后），债务人会失去这一计划的大部分或者全部利益。在这类案件中，自愿救济程序已经崩溃，在你看来，它已经失败了吗？如果是的话，你认为美国法律人和法国或德国的法律人的回答会有何不同？为什么？

3. 为何法国、卢森堡和比利时的债权人通常更愿意接受非正式的债务安排？这3个国家与其他北欧国家有何不同？罗马法系的债权人更容易让步妥协吗？日耳曼法系的债权人更现实和冷静吗？还是有其他因素在起作用？你认为美国也会有同样的结果吗？什么样的社会、政治、法律或者经济因素会导致美国的自愿协商程序的结果更加像或者更加不像法国和德国的结果？

4. 如果有的话，正式的强制救济的可用性和程度范围会对非正式的协商程序产生什么影响？正如你将在下一章看到的，法国、卢森堡和比利时的法律通常很少强制债权人作出实质性让步，而德国、荷兰和瑞典（更不用说美国）的法律经常剥夺债权人的大部分债权。这在理论上不会影响债权人非正式协商的意愿吗？自愿协商过程的结果能支持这一理论吗？

5. 值得注意的是，美国在 2005 年 10 月首次设立了强制性破 50
产前咨询制度，而瑞典在实践了 10 多年后于 2006 年 5 月废除了类似的要求。比较法分析的相关经验教训在这一领域是否已经被搁置了？美国刚刚采用的要求与瑞典恰好废除的要求，有什么不同吗？如果是这样，瑞典和美国之间的差异（或其他一些差异）是否证明采取不同的路径是合理的？

第三章　正式强制救济制度的时空比较

51

本章探讨美国和欧洲对消费者破产的非协商性质的法律回应。各个国家对于解决此类问题的自愿协商路径大同小异（正如第二章所讨论的），本章则揭示了正式强制救济制度的实质差别，尽管它也揭示了这些差异最近正在缩小。本章比较了不同司法管辖区最初构建消费者债务救济制度架构的方式，以及这一架构如何随着时间推移而演进。我们还是以美国的消费者破产制度为起点，因为它是较为成熟的制度之一，并且已经为其他国家提供了一种模式——通常是要避免，而不是效仿。美国法律经过 2005 年 10 月全面改革之后，我们不仅可以从外部与其他制度进行比较分析，还可以从内部分析随着时间的推移发生的根本性变化。美国法律的近期变化能够很好地界定和证明这一领域的讨论主题：我们应当为消费者在什么条件下提供多大程度的救济，以及试图还款的条件是什么？本章会继续探讨欧洲的立法者如何全力以赴地解决这些问题，以罗马法系提供日趋激进的救济为讨论起点，接着讨论日耳曼法系对获得救济的条件适度且逐渐减少的需求。虽然这些制度起初大相径庭，但他们似乎正在朝着相同点发展。在阅读本章时请思考，你是否看到了这一趋势，它缘何发生，你认为趋同点在哪里。

A. 美国消费者破产法：1898 年、1979 年、2005 年 52

美国最近发生的事件为对消费者破产制度进行有益的比较提供了基础。特别是对于美国读者来说，检视 2005 年 10 月前后美国破产制度的架构，能为评估欧洲国家的发展提供两条有用的对比基线。我们将在此对历史上最“自由”的消费者债务救济制度，与从激进债务重组中脱颖而出但明显更加持怀疑态度的制度做比较。在后面的章节中，我们将看到欧洲在 20 世纪 90 年代至 21 世纪初朝着*相反*方向的发展和改革——从犹豫不决和不宽容到更有介入性和对消费者更加慷慨。比较程序方面的细节是有用的，并且通常具有启发性，但在消费者破产制度的比较分析中，最发人深省的方面是对政策进行时间维度的基本对比。当你对下文展开阅读时，思考一下这些法律制度的设计之初想要达到的目的是什么，美国与所讨论的欧洲国家的相关政策是否（或者立于什么基础）——或者应当——存在不同。

1.《1898 年破产法》

美国法律很早就接受了非商自然人债务免责的概念。在 18 世纪和19世纪的美国，政治独立带来的兴奋激发了一种热衷创业的精神。新崛起的“美国人”一度开始把小企业作为新国家的经济基础。随后在这段时期，随着新技术和商业理念的迅速扩张，规模更大的企业开始成长。许多非商业主体开始通过向企业投资、给企业主提供贷款，或者虚无缥缈（或者天真）且不切实际的投机计划来寻找财富。这些小企业般的想法和投资不可避免地失败了。在此期间，一些相当著名的人物在市场崩盘中遭遇了财务危机，这引起了联邦立法者对广泛存在的个人财务失败问题的关注。

53 美国这一时期的破产法是针对这些小企业和资本投资企业家制定的，而不是今天我们所称的因个人、家庭和生活而负债的“消费者”。“消费主义”和“信贷民主化”直到20世纪早期才真正起步。① 1800～1898年，几个短暂的法案从仅向商人提供非常有限的救济，发展到允许任何个人——商人或非商人——以他/她拥有的任何有价值的财产（除了债务人可以为生存需要而保留，免于被债权人扣押的特定“必需”财产）作为交换，请求法律对过度债务的豁免。美国《1898年破产法》将即时且无条件消除先前债务（免责）和赋予债务人开启新的经济生活的“全新开始”

① 有关美国消费者信贷发展的精彩探讨，参见 Lendol Calder，*Financing the American Dream：A Cultural History of Consumer Credit*，Princeton University Press，1999。

(fresh start) 作为基本原则写入了美国法律。

工业革命和以工资为基础的工厂工作的发展，为债务救济的另一种形式奠定了基础，并引发了我们如今在美国和欧洲看到的关于消费者债务救济的激烈辩论。至20世纪初，越来越多的个人以相对稳定和可预见的工资薪酬为生，这为在破产程序中对债务进行“重新协商”提供了更加可靠的基础。国会意识到，许多个人宁愿避免因在破产中获得债务即时免责而带来的“欺骗”污名。“工薪族”更愿意在有限的时间内尽其所能进行清偿（而不是花几十年或者一辈子来清偿堆积如山且不断增长的债务）。1938年《钱德勒法》在美国破产法中构建了个人破产的结构化体系，允许个人债务人向债权人提出以自己未来的收入而非现有的财产清偿其全部或者部分债务的还款计划。

2.《1978年破产法典》 54

经过重组和整合的《1978年破产法典》（于1979年10月生效）将个人债务救济这一分支制度发扬光大，允许债务人自己选择寻求何种类型的救济。原来的现有财产清算后免责的救济方式现在规定在《破产法典》第7章，而工薪阶层支付计划这一类型的救济现在规定在第13章。至少在2005年10月改变规则之前，破产案件中70%的债务人选择第7章提供的即时且无条件的债务救济，约30%的债务人选择第13章提供的支付计划（主要是保留房屋和车辆，避免因担保债权人拒绝协商替代的债务安排方案而收回这些资产）。随着2005年10月的破产法改革，第7章案件的比例有所下降，但是最近的案件申请趋势似乎又回升至历史水平。

因为大多数个人仅有很少或者几乎没有财产可予出售并分配给债权人，第7章破产清算程序在大多数情况下给予一个大多数②债务即时且无条件的免除，而作为交换，债务人只需支付少许申请费用。债务人通常由律师代表其向破产法院（美国地区法院在每一个司法辖区的分支机构）提出救济申请，并提供详细而复杂地描述他/她现在和历史上的财务现状的资料。在大约40日内，债务人会被传唤参加债权人会议，由第7章程序中的管理人（trustee）主持。管理人通常是破产专业律师或者会计师，他们由美国联邦破产管理署（United States Trustee）——负责监督破产制度的政府机构——任命。债权人很少出席债权人会议，管理人一般只会询问少数几个问题，以确认申请材料是否准确描述了债务人的债务、资产和收入（尽管询问的范围在最近有所扩大）。在绝大多数的情况下，如果管理人断定债务人无可供查封的财产，
55 则大约60日后（在债权人对债务人免责申请的反对期届满后），

② 每一个现代消费者债务救济制度均排除了特定债务的强制救济。美国法中不予免责的债务清单比其他国家法律规定得更长。美国法中的破产免责不包括最近的所得税和财产税、大多数学生贷款、申请破产前购买“奢侈品”产生的债务、许多通过欺诈产生的债务、赡养费和抚养义务、罚款、刑事赔偿，以及因故意和恶意伤害产生的侵权之债。*See* 11 U. S. C. §523（a）.

法院自动发出免责令。债务人不再以未来的任何收入清偿债权人。第7章的功能就像“重置键”，为债务人提供了即时的“全新开始”，使其以未来收入重新回到财务正轨。

第13章的支付计划案件以相同的方式开始，但是根据债务人财务状况的具体细节，债务人选择这种救济方式时，必须提出一项计划，以未来3～5年的收入支付债权人，并以此换取期满后余债的豁免。债务人的非豁免财产不需要清算，但债权人必须得到至少与债务人的非豁免财产被出售并分配给他们时一样多的钱。法律列举了每一类债权人必须提供的应受偿金额的详细要求，但无须邀请债权人就该计划进行协商或表决。如果债务人提供了法律强制要求的清偿数额，则该计划无须考虑债权人的意愿即可得到批准。另外，债务人只能在支付计划履行完毕后才能获得期待的救济（未清偿债务的免责）。与其他还款计划的制度一样，成功进入并不保证能够成功退出。最近，只有大约1/3的第13章案件债务人成功完成了支付计划并获得了免责。

3. 从1984年“实质滥用”到2005年“经济状况审查”

债权人对《破产法典》第7章规定的开放准入政策一直不满。他们认为，债务人工作和创造未来收入的能力虽然不是通常意义上的“财产”，但在当今世界却是大多数债务人最有价值的“资产”。对于那些能够在未来3～5年的还款计划中向债权人偿还相当多款项的债务人，第7章为什么要赋予其即时且无条件的破产免责呢？为了回应这些争论，美国国会在 1984 年规定，如果有证据证明债务人“实质滥用”（substantial abuse）第 7 章消费者破产清算制度，应当驳回其破产申请。

与最初对“可以还款”（can-pay）的债务人利用第 7 章程序作为快速方便的财务规划工具的抱怨相一致的是，如果债务人能够依据第 13 章的支付计划清偿大部分的债务，却寻求第 7 章的即
56 时且无条件的债务救济，则法院通常会认定此种情形构成“实质滥用”。然而，正如预料的那样，法院多年来对于这一模糊标准的解释大相径庭。随着时间的推移，应当如何合理计算债务人在一段时期内向债权人清偿的金额，以及这种潜在的清偿达到何种标准就可以引发“实质滥用”，成为争议的焦点。这些争议已经升级，双方各执一词，一些债权人坚持认为“债务人友好型”的法院通常对“实质滥用”审查不够，而一些债务人的支持者则认为法院在太多案件中“滥用”审查导致对债务人及其家庭的合法需求缺乏细致考虑（更不用说债权人在推行具有内在风险的贷款政策方面的责任了）。

尽管这一问题引起了两党的不满，但在 20 世纪 90 年代末之前，对“实质滥用”的折中妥协似乎一直发挥着令人满意的作用。美国法院行政办公室（the Administrative Office of U. S. Courts）在 1996 年的统计报告中表示，申请破产的案件总数首次超过了 100 万件。这一里程碑数字的意义被一个事实进一步放大

了，即美国在20世纪90年代中期正拥有着令人瞩目的总体经济活力。随即，针对破产的耻辱感已经减轻，以及大量不负责任的债务人开始滥用这一制度逃避责任的质疑声四起。

1997年9月，国会诸多提案中的首提案就是要求改革消费者破产制度，其中，包括要求将支付计划作为对拥有“过多”可支配收入的债务人救济的先决条件。确定是否存在过多额外收入的合理方法不再由法院决定。取而代之的是，法律将规定一系列适用于债务人收入的标准化扣除方法。这种计算可以解释债务人是否拥有合理的财务工具向债权人提供合理的还款计划。这一新方法因此被称为“经济状况审查”（means test）。经过长达8年的立法争论，国会最终通过并由总统签署了关于“经济状况审查”的新法律，其中也包括针对美国破产法中关于消费者破产制度的诸多修订（包括强制性的破产前信贷咨询，如上文第二章所述）。这一新法的大部分条款于2005年10月17日生效。

这项新法律在众多细节方面改变了美国的消费者破产法，但 57
改革的核心目标是引导更多的个人债务人放弃第7章的即时免责，转而寻求开展非正式的一致同意的协商或者是第13章的支付计划。美国现行法律主要通过两种途径实现这一目标：第一，如上所述，为了获得正式救济的资格，债务人必须提交一份经批准的信贷咨询顾问出具的证明，以此证明其在过去的180日之内已经接受了信贷咨询。第二，如要获得第7章的即时免责，必须经过两步复杂且严格的“经济状况审查”（如下文所述）。合理预计及早期迹象表明，很少有债务人会“通不过”经济状况审查并被正式拒绝适用第7章，但是新法的实际影响可能是，通过大幅增加案件管理的复杂性和费用，降低了申请的总数量。③

a. 经济状况审查第一阶段：收入中位数阈值

在通往正式破产制度的门槛上，经济状况审查使个人债务人在《破产法典》第7章的即时免责和第13章的支付计划之间进行选择时的自由受到了更多的限制。第7章规定的即时救济，仍然只适用于那些证明自己的总收入低于某一阈值，或在扣除准许的费用之后可支配净收入低于某一阈值的债务人。而在计算债务人的总收入和可支配净收入的具体细节方面存在较大的分歧，这在此种大规模的改革中是可以预料的，但经济状况审查的大致轮廓如下。

在经济状况审查的第一阶段中，将债务人（及其配偶）的“当前月收入”乘以12，并与债务人所在州相同规模的家庭扣除通胀因素后的家庭收入中位数相比较。“当前”一词的真正含义
58 是“最近”。“当前月收入”在新法中的定义是指债务人过去6个月内的平均月收入。如果最近平均月收入乘以12得出的数值低于

③ 新法增加了许多其他条款，包括一系列似乎模糊地认为律师应该为债务人的申请书和清单中的虚假陈述负责的规则，这导致很多消费者破产律师放弃了这些业务——包括一些公益服务机构（pro bono clinics），而继续在这领域执业的律师则大幅提高收费。

债务人所在地处境相似者的平均收入，即满足了“经济状况审查”的条件，债务人就可以自由决定寻求第7章的即时救济。只有收入在中位数以上的债务人才需要接受后续阶段的经济状况审查和一份可能的强制还款计划。

比如，根据美国破产管理署办公室发布的官方数据（主要是关于2006年10月及以后的申请案件），在密西西比州——美国最不发达的州之一，一人家庭扣除通胀因素后的中等家庭收入将近28,000美元，4口之家大约是48,000美元。纽约作为一个更加繁荣的州，尽管与最发达的州存在差距，但单身人士的平均收入中位数是41,500美元，4口之家为72,000美元。可以预料并且实证调查数据也已证明，④寻求破产救济的美国债务人中鲜有人总收入超出这一平均水平。经济状况审查的第一阶段更像是为大多数债务人提供“安全港”，使他们可以像往常一样寻求第7章的即时救济。在新法实施的第一年，官方报告称，约94%的消费者破产案件的申请人收入低于所在州适用的中位数。

---

④ *See*, *e. g.*, Teresa A. Sullivan, Elizabeth Warren & Jay Lawrence Westbrook, *Less Stigma or More Financial Distress: An Empirical Analysis of the Extraordinary Increase in Bankruptcy Filings*, Stanford Law Review, Vol. 59 (2), 2006, pp. 213 – 256; Bruce G. Carruthers, Bruce G. Carruthers, Teresa A. Sullivan, Elizabeth Warren & Jay Lawrence Westbrook, *The Fragile Middle Class: Americans in Debt*, Contemporary Sociology, Vol. 30 (3), 2001; Teresa A. Sullivan, Elizabeth Warren & Jay Lawrence Westbrook, *As We Forgive Our Debtors: Bankruptcy and Consumer Credit in America*, Oxford University Press, 1989.

b. 经济状况审查第二阶段：国家税务局预算指导

在经济状况审查的第二阶段中，对于超出平均收入水平的债务人来说，要从月收入中扣除一系列的费用津贴以确定可支配收入是否可用于偿债。债务人可以按照国家津贴标准扣除每月的伙食、服装、家庭常用开支，并按照债务人所在地制定的住房和交通费用的地方标准进行扣除（详见下文）。除了这些标准的费用扣除外，根据《破产法典》第13章的规定，债务人还可以扣除依据该章制定的5年还款计划偿还担保债权人、优先债权人的债务
59 和管理人的管理费用。如果一个债务人在扣除所有项目后的剩余收入，能够让债务人在5年期内至少清偿债权人6000美元（每月100美元），⑤ 那么，该债务人就“无法通过”经济状况审查，会被拒绝适用第7章。考虑到这些扣除因素，即便再保守的预测，也只有大约10%的债务人可能因经济状况审查而被排除在第7章程序之外。尽管现在得出确切的结论还为时过早，但新法早期的经验或多或少地印证了这一预测。

这些可适用的预算扣除标准——无论是联邦层面还是地方层面的扣除标准，都是源自联邦税务局制定的准则。美国国税局

⑤ 经济状况审查实际上比这更复杂，因为无担保债务超过24,000美元的债务人，只要他们能够清偿无担保债务的25%（这会超过5年还款计划的6000美元），也会被拒绝进入第7章程序。如果债务人在5年内能够清偿10,000美元——每月至少偿付166.67美元，那么无论债务人的债务水平如何，债务人都“不能”通过经济状况审查。*See* 11 U. S. C. §707（b）（2）（A）（Ⅰ）.

（Internal Revenue Service，IRS）采用所谓的“征收财务标准”（collection financial standards）来评估无法即时支付税款的债务人提出的协商方案。这些标准根据债务人的应纳税收入水平和家庭规模，按比例计算基本预算津贴。尽管这些标准已经饱受税收学者的诟病，国会还是决定采用联邦税务局的税收预算标准作为消费者破产案件（经济状况审查的第二阶段）中测量可支配收入的基础。

这一准则从食物、衣物以及其他家庭杂物开支的国家基准扣除开始。正如下文中表 2 所证明的，该津贴标准随收入水平、家庭人口规模而异，并且每年进行重新调整。由此，以 2006 年年末和 2007 年年初的申请案件为例，对于年收入 40,000 ~ 50,000 美元的债务人，每月的预算基准是：单身人士为每月 621 美元，两人家庭为每月 825 美元（如一个单亲父母和一个孩子），三人家庭为每月 937 美元（如一对夫妻和一个孩子）。这一扣除标准随着债务人的收入上升而略有提高，对于一人户、二人户以及三人户家庭的债务人（债务人年收入超过 70,000 美元）来说，最高数额分别为每月 916 美元、1306 美元和 1368 美元。如果债务人证明食
物、衣物的支出实际增加，这些金额可以略有增加（约 4%）。如 60
果不考虑债务人生活的所在地，基本津贴是相同的。

表2　2006年10月基本预算津贴

每月总收入（12个月的家庭收入）/美元	家庭规模/美元·月$^{-1}$				
	1人	2人	3人	4人	4人以上的每人增加额
1667～2499（20,000～30,000）	489	679	819	941	+171
2500～2499（30,000～40,000）	556	744	924	1042	+182
3334～4166（40,000～50,000）	621	825	937	1063	+193
4167～5833（50,000～70,000）	703	904	1017	1203	+204
5834及以上	916	1306	1368	1546	+216

在这一基线之上，联邦税务局的准则允许根据债务人居住地的住房和交通成本进行浮动扣除。⑥ 住房津贴根据债务人居住地和房屋实际居住的人数而不同，⑦ 交通津贴因地区不同和都市规模而异。例如，从2006年年底开始，密西西比州大多数县的单个债务人能够扣除的实际住房成本高达每月700～750美元，4人及以上家庭能够扣除的金额最多只有每月900～1000美元。相比之下，考虑到更加高昂的住房成本，居住在纽约市（纽约县）的债

⑥ 此外，美国《破产法典》允许两项例外费用的扣除：一是照顾或扶助年老的或身患残疾的家庭成员以及居住在其他地方的直系亲属的实际开支；二是为每一个孩子在私立中小学校的教育承担的费用，但每名子女每年不得超过1500美元。*See* 11 U. S. C. §707（b）（2）（A）（ii）（Ⅱ），（Ⅳ）.

⑦ 虽然不是每个人都同意这一点，但新法律似乎允许对于房屋和车辆抵押贷款提供无限制的预算津贴，因为这两项均是有担保的主张，经济状况审查中允许其全额清偿。*See* 11 U. S. C. §707（b）（2）（A）（iii）.

务人，能够扣除5倍多的金额，纽约市的单个债务人每月可扣除的金额最高达3700美元，4口之家每月最多可以扣除5000美元。交通津贴也视当地情况而异。在2006年年末，密西西比州和其他南方腹地的债务人每月最多可以扣除的一辆车的油气及保养费为 61
260美元（两辆车可以扣除343美元），与之相比，纽约市的债务人每月最多可以扣除的一辆车的油气及保养费为402美元（两辆车为484美元）。这些例子几乎不能说明这种计算的复杂性和津贴表的繁杂。⑧ 不同的家庭情况可能导致相当富有挑战性的问题，如该申请哪些津贴以及该申请多少津贴。

在扣除允许扣除的所有费用后，如果债务人仍拥有每月至少100美元的“剩余”收入，⑨ 并且法院拒绝增加债务人“特定情况”下的预算，法院会认为债务人“未能通过”经济状况审查并且推定其正在滥用第7章的快速救济程序。如果这些债务人寻求债务救济，就会被降级为第13章强制性的5年支付计划。

此外，如果这些债务人通过第13章的支付计划寻求救济，则经济状况审查为强制计划提供了限制性的预算框架。在2005年10月之前，第13章的计划必须将债务人的全部“可支配收入”都清偿给债权人，这仍旧被模糊地默认为是债务人的家庭生活和经营

⑧ 为了更清楚地了解这些津贴的多种排列方式，可以登录：http://www.usdoj.gov/ust/eo/bapcpa/meanstesting.htm。

⑨ 再者，如果债务人的无担保债务金额超过24,000美元，这一门槛可能更高一些，大约166.67美元，如前所述，见前述脚注5。

相关支出的“非合理需要”的收入。法院对于什么类型和多少金额可以被认定为“合理需要”，存有截然相反的观点。另外，有些法院要求债务人为债权人提供一定的最小金额的支付，以确立债务人获得救济的另一必要条件，即债务人的“诚信”。要求的最低清偿——或者没有最低清偿的要求——也因法院而异。

第13章支付计划规定的“合理需要”这一模糊标准，继续适用于那些通过经济状况审查任何一个阶段的债务人。但是今天，所有未通过两个阶段的经济状况审查的债务人，只能够通过第13章强制性的5年支付计划寻求救济，债务人用于分配给债权人的可支配收入不是以法官对于合理需要的观点来定义的，而是参照上述讨论的联邦税务局的预算准则。2005年10月的改革目标之
62 一似乎是限制法官的自由裁量权，此前法官可以在有争议的类似案件中对支付计划施加不同的标准。对于那些所有法定收入超过明确阈值的债务人，法律现在声称需要一个明确和一致的解决方案。然而，新法早期实施的经验表明，新法包含了很多意想不到的模棱两可的领域，这可能导致在司法解释过程中产生与之前明显含糊不清的旧法实践下相同的差异。

4. 结论：现行美国消费者破产法的基准评估

美国消费者破产法制度堪称现今世界上最复杂的个人破产制度。尽管聘请律师指导债务人进行错综复杂的新计算产生的成本已经大幅增加，大部分债务人仍旧愿意继续申请并获得第7章即

时免责的慷慨救济。即使国会试图推动更多的消费者进入正式或非正式清偿计划的目标似乎不可能实现，这也可能会让一些低收入债务人因费用问题而完全退出该程序。美国现行消费者破产法可以说是言论片段政治（sound-bite politics）* 力量的结果，其试图对司法自由裁量权施以更加严格的限制，并在立法中轻视现代消费者金融生活的经验证据。当你将美国这一制度的结构和政策与下文讨论的欧洲制度作比较时，思考一下，美国是否可能实施更有效的替代方案——或者当前制度中过于复杂的细节是否是邪恶的，又或者对于每个案件来说是否是理想的精细方案？

B. 罗马法系法院干预极少但日渐增加

欧洲大陆在不同时期以截然不同的视角解决这一问题。历史上，欧洲破产法仅适用于商人，且通常不提供未清偿债务的免责，
除非债务人有足够的资产向债权人提供实质性的价值，或者大多 63
数债权人同意提供这种救济。一致同意的私人协商，曾经是而且现在仍然是解决个人财务困境的首选方案。然而，随着越来越多的消费者被 20 世纪 80 年代如火如荼发展的开放型信贷经济所吸引，欧洲立法者开始重新评估他们对干预私人财务安排的缄默态度。在很多国家通过了旨在缓解消费者财务困境的法律之后，这

* “sound-bite politics” 尤指在电视新闻节目中播放的（如公众人物）简短的言论、评论或说法，也被称为片段言论。——译者注

一评估还在继续。特别是在法国，我们可以看到，以越来越积极的方式在债务人与债权人之间进行干预的意愿正在缓慢但明显地增强。如第一章所述，法国是最早对“过度负债”的债务人采取明确的法定救济的欧洲国家之一。对于那些无法通过谈判与债权人达成妥协的债务人来说，漫长的试错过程最终导致（尤其是法国的）立法者几乎达到了美国消费者破产制度的起点。当你阅读下文时，请思考是什么力量导致了法国最近的发展？当前的多阶段制度是否有效，以及你认为该制度在未来10年将走向何方？

1. 法国：从“普通”建议到强制性“个人恢复”

正如第二章所述，在法国的绝大多数消费者破产案件中，个人过度负债委员会能够让债务人和债权人达成协商一致的结果。无法达成庭外和解安排的案件约占35%，法国破产制度目前为这些债务人提供三种日益积极的强制救济方案。与美国的制度有些类似，债务人别无选择；委员会根据债务人财务困境的严重程度评估情况，将每一个案件引导分流至三种救济方案中的一种。这三种救济方案是在15年的时间内逐步发展起来的，立法者逐步在债权人和债务人之间进行更积极的干预。

a. “普通”强制重新协商

立法者从一开始就承认债权人可能拒绝一项合理的妥协方案。当不肯让步的债权人拒绝合作时，他们授权个人过度负债委员会，
64 允许其“建议”地方法院至少强制执行委员会在协商阶段就已提

议的协商方案，以避免僵局的出现。不出所料，法院很少会拒绝强制执行委员会经常建议的这种温和的妥协方案。

然而，在大多数情况下，法院强制执行计划相比于庭外一致协商计划，救济的范围受到了更多限制。直到最近，委员会还只能建议实施所谓的“普通”救济措施，如还款期限的延长（最长10年）或累积利息的减少。一般来讲，委员会只有在以下这种非常严格的情况下，才能建议强制执行作为最终手段的债务救济（免责）措施：法院可以对房屋抵押贷款中的剩余债务签发部分或者全部债务的免责令以强制出售房屋。也就是说，如果债务人仍旧欠付10万美元的住房贷款，止赎拍卖仅产生了8万美元的收益，债务人仍需承担的2万美元差额可以部分或者全部免责。对于所有其他债务，由委员会建议法院强制执行的计划仅限于提供相对非干预性且所有债权人理论上都应该接受的那种救济措施，他们是在善意地采取行动，在合理地努力达成妥协。

在大约35%的没有达成一致计划的案件中，只有不到1/3的案件进入下一阶段，并以施加了温和的“普通”救济措施的法院强制执行计划而结束。债权人很少反对这些建议，法院仅是下达命令确认（委员会）所建议的计划并赋予其法律效力。因此，法国将近80%的案件以某种温和的折中偿还计划而结束，在一般情况下，债权人在与委员会协商一致后接受该计划，但有时是法院强制他们接受这种计划。

b.“特别”延期还款与部分强制免责

对于许多严重过度负债的债务人来说，即便还款期延长到10年并且扣减利息，也不足让其回到能够100%偿还债务本金的轨道上。新法*实施头十年的经验表明，在这种温和干预式制度中
65 的“成功”常常掩盖了失败。过度负债委员会除了向法院建议这一明显无效的权宜之计之外，别无他法，于是开始思考这个令人不安的“旋转门”效应。相当数量的债务人将通过这个制度获得普通救济之下协商一致或者法院强制实施的还款计划，但迟早会违约。债务人债务负担巨大而还款能力有限，根本不可能履行本金偿付义务，而该法律最初没有提供任何缓解这种本金偿付义务的办法。第一个清偿计划失败后，这些债务人会提出新的救济申请，这一过程将会不断重复，最终成功的希望同样渺茫。对这一制度的立法研究表明，这种“再犯”的发生率惊人得高。如果没有至少是大量债务本金余额部分免责的切实救济，这些债务人别无选择，只能不断地经历这种短期展期和延期的“旋转门”。

为了纠正这一不足，法国立法机关向强制救济又迈出了一步。早在1999年年初，在（债务人）财务状况极度困难的情况下，如果债权人拒绝一项协商计划，那么委员会可以建议——并且法院也可以强制执行——“特别”的救济措施，比简单的延期还款和

---

* 结合下文关于法国立法机关对于强制救济的态度，此处应该是指法国《消费者保护法》第三卷第三编（《奈尔茨法》）。——译者注

降低利率等“普通”措施更加有力。一项“特别”建议通常由两个部分组成：第一部分是将债务人全球范围内的所有应付债务延期两年。债务延期旨在确保债务人的财务状况趋于稳定。第二部分是在这一全球性债务暂停清偿期限届满时对债务人的财务状况进行重新审查。如果债务人的财务状况已经改善到“普通”强制计划可以实施的程度，那么委员会必须建议采用前述“普通”还款计划。否则，委员会必须建议债务人大部分⑩的未清偿债务按比例部分消灭（免责）。法律允许委员会在个案中自由裁量决定免责的债务比例。一个债务人每 8 年仅可以获得一次这种免责待遇。

这种较高程度的救济措施只适用于财务困境极度严重的情形。 66
法国法律对暂时无力偿付的案件与更为严重的深度困境案件进行了立法区分。委员会只能对法律定义的“破产”（insolvent）债务人提出适用“特别”救济措施的建议。与美国有些相似的是，法国立法者希望谨慎地将终极救济措施限制在那些明显缺乏履行还款义务手段的债务人身上。亦与美国相似的是，立法者试图用法律定义来约束法院，但收效甚微。

“债务人破产”的定义是“自然人缺乏可以用于满足全部或

⑩ 赡养义务（子女抚养和赡养费），以及针对债务人的刑事罚金、行政处罚、赔偿令，不受任何救济形式——延期或免责——的影响。此外，债务人应向已经履行担保义务的担保人（保证人）或者已经为债务人承担了清偿义务的共同债务人承担的清偿义务，也不受免责的影响。

者部分债务清偿需要的资金或可扣押财产，并且处于不可适用（普通还款计划）救济措施的状态”。按照这种严格的定义，破产似乎仅存在于债务人绝对没有任何非豁免财产（无论价值有多小）且绝对没有任何非豁免收入的情况——否则，至少债务人的“部分”债务可以得以清偿。

实践中，委员会和法院对于“破产”的解释似乎更为宽泛，扩大了有资格获得特别救济措施的债务人范围。经济部部长早就建议，如果债务人“在合理延期内”（也就是在10年内）不能清偿**全部**债务，就应当视为“破产”。将债务人不能在10年内全部清偿到期债务的情形认定为“破产”，似乎公然违反了甚至没有能力清偿“部分”现存债务之这一法定条件，但这好像就是委员会和法院采取的法律解释。在2001年的命令中，法国最高法院（*cour de cassation*）批准了要求立即还款与特别救济措施的结合。这一命令标志着最高法院所持的观点，即无论字面上的法律定义如何，债务人只能清偿部分而非全部债务，就是属于“破产”。如今，委员会在金额较小但数量可观的案件中将普通救济措施和特别救济措施结合起来，模糊了强制救济前两个阶段的界限。

在涉及3种强制救济措施之一的所有案件中，委员会只有在约1/4的案件中提出了特别建议。尽管如此，我们在这里看到了越来越积极的救济制度正在发挥作用的初步迹象。2001年，委员会仅在18%的特别救济措施案件中，在延长的还款期限届满后建议某种方式的债务免责。但到2003年这一比例上升至30%，目前为止，这一比例基本维持不变。自21世纪初期以来，大量的案件以超乎想象的救济——强制免责——结案。法国提供这种积极救济的进程始于21世纪初，并在2004年因为当时通过了一项独特的带有美国《破产法典》第7章风格的法律而得以迅速发展。 67

c. “个人恢复”：趋近美国风格的制度

尽管法国立法者沿着为消费者提供更广泛债务救济的道路上小心翼翼地前行，但是它也在认真且积极地向前发展。这种发展始于1989年的一个极端，当时温和的救济仅限于最小干预的协商。多年的实践经验表明，一些债务人需要更加积极的救济，立法机构于1999年对此进行了回应，允许委员会提出适用两年“协力”（pulling together）期的“特别”建议，随后可能强制债务部分免责。当事实证明这对一些债务人来说还不够时，法国立法机构终于迈出了最后一步，走向了另一个极端。自2004年2月起，法国法提供了与美国《破产法典》第7章功能相当的清算与即时免责，尽管只适用于严格受限的债务人群体。

现在，只有当委员会认为陷入破产困境的债务人“无可挽救”时，方可适用完全和即时的免责，而且只有在债务人经历了简化的“个人恢复程序”（*procedure de retablissement personnel*）之后才可以适用。法国最新也是最终层级的消费者债务救济措施，完全废除了还款计划阶段，旨在为绝大部分负债累累的消费者提供第二次机会。新的救济措施要求在案件受理后几乎立即对债务人非豁免资产进行清算，随后法院会迅速颁发免责令，免除债务人资产出售收益未能还清的所有剩余债务。

在此，委员会再次成为救济的看门人。委员会负责适用下文讨论的标准，以识别这些案件是否符合个人恢复程序并将其提交法院。在债务人提起救济申请后，委员会必须在6个月内决定是
68 将案件保留在普通的协商和建议程序内，还是将案件转入法院的个人恢复程序。⑪ 对于个人恢复案件来说，法院将再次核实债务人适用这一终极救济的资格并下令启动这一程序。

在当地法院受理案件之后，程序的进展很像美国破产法院适用的《破产法典》第7章程序。因为事已至此，大多数案件中几乎没有什么有价值的资产，⑫通常都是法官单独根据委员会的案卷审查债务人的经济和社会状况。如果债务人拥有可供清偿的资产，法院将可能指定受托人和/或清算人，他们有4个月的时间对这些资产进行登记，可在最长1年的时间内（公开或私下）出售资产

---

⑪ 如果委员会未能在债务人提出申请后9个月内作出决定，或者债务人不同意过度负债委员会的否决决定，债务人可以直接向法院正式提出启动个人恢复程序的申请。

⑫ 法律没有明确罗列“破产”之外豁免资产的清单，相反，法律将“债务人持续生活所必需的动产和从事职业活动时所必需的非职业物品”排除在个人恢复程序的清算之外。这一定义与普通判决执行程序规定的豁免资产十分相似，尽管在新的个人恢复程序案件中，很多车辆是豁免的，参议院（the Senate）也指出了这一种相似性。

并在债权人之间进行分配。如同美国《破产法典》第7章的程序，法国的个人恢复程序不要求债务人将任何未来收入用于清偿债权人——原因可能是，如果债务人未来拥有任何可观的可支配收入，他/她将不符合适用这一程序的资格要求，法院将强制实施一项普通或者特别还款计划，或许包含部分免责。在完成出售后——或在法院已经确认债务人没有可供清偿的资产后——法院宣告因“资产不足”而终结程序。这种终结意味着债务人的所有（未清偿的）非专业性债务即时“消除”（免责），除了那些被明确排除在免责范围之外的少数债务。债务人可以根据需要多次申请适用个人恢复程序。⑬

与美国模式不同的是，无论在理论上还是实践中，法国的制 69
度都将这种终极救济保留给那些财务负担最沉重和经济状况处于（崩溃）边缘的少数债务人。只有法院和委员会认定为处于“难以挽救”（irremediably compromised）情势下的债务人方适用这一最终级别的救济。这一术语被定义为，“明显不可能（有效地）实施”前述还款计划中普通和特别建议的“处理措施”。因此，美国模式里“摆脱困境”（get-out-of-jail-free）的债务免责，在法

⑬　奇怪的是，如上所述，债务人每8年才可以获得一次部分免责。早期的提案建议，将适用个人恢复程序获得全部免责的次数限定为一生一次，就像下文讨论的斯堪的纳维亚国家。参议院拒绝了这些建议，认为有些人一生中可能需要不止一次。要注意的是，尽管如此，法院可能很好地解释“善意”（good faith）的要求，将连续申请人排除在以后的个人恢复程序之外。

国只是适用于债务负担如此沉重以至于没有还款计划——即使是延长到 10 年之久——能够使他们偿还大部分债务的债务人，任何为期 2 年的债务延期都是杯水车薪。如果债务人其实可以偿还相当大部分的债务，还款计划、延期还款和部分免责的组合仍然是理论上的首选解决方案。

现实中，尽管这一标准看似已经存在，但几乎不可能建立起来。事实证明，委员会已经将大多数债务人识别为“难以挽救”状态而非简单的“破产（无力偿债）”（上文已经讨论过这一概念）。确实，在三种可用的强制救济（普通建议、特别建议和个人恢复程序）中，最极端的救济反而发展为最常见的情形。

在新程序实施的头几年，委员会已经将超过 1/3 的需要强制救济的案件转入以法院为主导的个人恢复程序，这一比例在 2006 年上升到 50%。自新制度 2004 年 2 月底开始实施至 2005 年，转入个人恢复程序的案件数量与按普通建议处理的案件数量相当（已经超过按照特别延期还款与部分免责处理的案件数量）。2006 年，适用个人恢复程序的案件数量首次略微超过了委员会提出的依照普通建议处理的案件数量。2005 年转入类似美国《破产法典》第 7 章程序的案件增加了 17%，2006 年又增加了 25%。

70 虽然委员会对这个新程序越来越满意，但是债务人明显地保持缄默。在委员会决定将一个案件转入个人恢复程序后，债务人必须确定同意这种程序转换，而在 2005 年和 2006 年，只有 87%

的债务人做了同意登记。在 2005 年和 2006 年潜在的个人恢复案件中，分别有 3.5% 和 5% 的债务人没有表达他们对这一程序的渴望（所以没有在默认情况下继续），但是每年都会有相同数量的债务人因为各种原因拒绝继续推进程序。你认为这能告诉我们一些关于法国债务人文化的东西，如“轻松脱身”（easy way out）的污名或其他吗？

2. 比利时和卢森堡：削弱免责立法阻力

另外两个国家的制度在提供强制救济的方式上犹豫不决，在某种程度上有点类似于法国法上法院强制执行的计划以及普通和特别建议的救济措施，亦可归类于罗马法系的大家庭。比利时的债务调解员或者卢森堡的债务调解委员会如果无法促成债务人和债权人达成协商一致的计划，则这些案件将进入法院的庭内强制还款计划阶段。比利时和卢森堡的立法者也曾在为是否以及在多大程度上免除债务人在合理时间内无法偿还的债务而苦苦挣扎。然而，这两种制度都较早接受了这种免责的可能性，至少在比利时的部分地区，大约 75% 的进入法院强制阶段的案件最后都以某种程度的免责而结束。这里一个关键问题是，债务人如果想要获得这种救济，需要满足什么样的条件，以及他们如何衡量这些条件要求。

a. 比利时的不予免责计划和主要债务免责计划

在比利时，法院可以强制执行两种还款计划中的任何一种。

第一种计划是允许法院推迟或者延期还款，可降低长达5年的利率，并有可能免除惩罚性的违约利率利息（但不包括应计的合理利息）以及任何其他的罚金和费用。这种计划可以超出5年期限
71 的限制，以允许债务人拥有更多的时间清偿长期债务（主要是担保债务）。这种计划与法国的“普通”计划十分相似，但请注意，比利时普通计划的最长期限是法国普通计划最长10年期限的一半。5年期限也略短于上文所述的比利时庭外协商一致计划还款期限的平均长度（大约是7年）。正如你将在下文中所看到的，5年期限比较接近于欧洲和美国的法院强制还款计划期限的中位数。

当面对更加严重的债务困境时，比利时法院可以实施第二种计划，我将其称为“主要债务免责”（capital-discharge）计划，因为它允许法院免除债务人的主要债务。⑭ 与法国一样，这一特殊救济措施旨在适用于依照普通计划依然无法获得充分救济的债务人；即普通的5年计划无法让债务人在清偿全部债务的同时还能过上有“人的尊严”（human dignity）的生活（下文将讨论）。只有在债务人非豁免资产的清算收益已经被用于偿还未付债务，并且债务人完成了3~5年的还款计划，向债权人提供尽可能多的清偿之后，才允许债务人获得这种特别的救济。因此，在大多数案件中，一项“主要债务免责”计划必须至少持续3年，而且同普

⑭ 比利时不受免责制度约束的债权清单十分有限，基本上仅包括刑事赔偿令。

通计划一样不能超过5年。与法国不同的是，比利时法律对于长期抵押贷款债务没有任何例外。关于主要债务免责条款的立法史清楚地表明，无法在5年期限内清偿抵押债权的债务人将被要求出售房屋，置换其负担得起的住房。

与最短3年期限的规则一致的是，法律最初允许法院下令仅仅**部分**免除债务人的主要债务。比利时立法者起初在立即免责或者全部免责方面显得犹豫不决，尽管最高法院的一次挑战最终导致了一项与法国早期相同的改革。在2003年4月，比利时宪法法院认为，将救济限制在能够偿还部分债务的债务人，违反了《比利时宪法》的平等条款。因此，收入不足以履行还款计划并不能作为拒绝全部免责的理由——尽管法律明确规定只允许“部分” 72
免责。最高法院实质上将“部分”一词从法律中排除，这恰巧与立法记录中承认“准全部”免责可能性的表述相一致。立法者最终批准了这种法律解释，并于2005年12月正式修改了立法，在债务调解员指出债务人不能为协商一致的还款计划或者司法计划提供资金时，允许其即时和全部免责。

然而，对于具有一定还款能力的债务人和身无分文的债务人，如果债务人的物质状况能够在还款计划期限结束之前或下达立即免责命令后的5年内“恢复好运气”，则免责可能被拒绝或者撤销。比利时法律将债务免责对象严格地限定为在程序开始时和终结前明显需要这种特别救济的债务人。政府对此的解释是，这一规定的目的是拒绝某些已经收获了意外之财的债务人的免责申请，如中了彩票或者继承了大额遗产，诸如此类的幸运事件能够确保债务人快速清偿其全部剩余债务。同时，政府也解释到，只要债务人的物质状况在还款期限内没有“显著改善”，就应该允许其免责。

在比利时大约30%的需要法院介入的案件中，法院提供主要债务免责的强制计划案件数量，是不提供免责的案件数量的3倍。这些计划的确切条款内容，尤其是免责的范围，难以从公开数据中予以印证，但是迄今为止，比利时的经历似乎与法国最近的趋势基本一致。在大约1/4到1/3需要司法关注的案件中，法院以一种温和且相对非结构化的介入克服了债权人的反对，而其中大多数案件涉及严重过度负债的债务人，他们需要更为有力的救济。

b. 卢森堡：普通还款计划与国家支持的债权人福利

在卢森堡，法院强制解决方案的选择更为有限，迄今为止只
73 有很少的案件要求司法干预。在调解委员会无法调解达成协商一致安排的极少数案件中，地方法院可以强制延期还款，以及降低最长不超过7年的利息——几乎与法国的普通救济措施相似，只是最长期限略短。除了一些特定的罚款外，法院强制执行的计划从不允许债务免责，但是债务人也不需要清算资产。然而，就像比利时一样，卢森堡法律不允许为长期抵押贷款债务提供长期还款计划的例外，因此，房屋所有人需要被强制出售房屋，转而租

赁房屋。

迄今为止，如上所述，仅有极少数案件可以通过调解委员会的非正式调解程序进入正式协商程序。而进入法院强制程序阶段的案件则少之又少。对于这些极少数的案件，能够获得的数据非常少。在卢森堡，关于这一制度的公开资料非常有限，主要集中在两个一致协商的阶段，几乎没有提供任何表明司法程序活动或者结果的迹象。

卢森堡以司法程序处理消费者债务案件的方式的间接迹象表明，对一种独特的国家支持的债权人福利制度的讨论，可能是这一制度的源头。虽然卢森堡的调解委员会和法院都不能够**强制**债务免责，但是他们可以**建议**国家提供两种独特的、间接的**事实上**免除债务的方式之一。一个由国家资助的“过度负债恢复基金”(Fund for Recovery in Matters of Overindebtedness) 为破产体系中的债务人提供低息债务整合贷款。这些贷款最终可以获得国家的豁免（forgiven)，通过支付贷款收益的方式来提供与债务免责(discharge) 相当的功能。“过度负债恢复基金”贷款的最高额度受到严格的限制，其设想的只是提供金额较小的“种子基金”(seed money) 贷款，以此增强调解委员会或法院针对每个案件制定可行还款计划的能力。截至 2006 年，最高贷款额度只有 15,000 美元。这些贷款应该在不超过 7 年的时间内偿还（正式还款计划的期限)，但基金经理可以按照调解委员会或法院的建议，以多种

方式改变贷款条款，从减少或消除利息到将贷款转变为无追索权的补助。卢森堡家庭部管理该基金，正如它监督消费者破产制度
74 中的协商阶段一样。因此，在调解委员会或者法院的倡议下，消费者破产制度中的实际管理人可以运用国家资金去补偿债权人在法定的限制范围内的破产损失，然后给债务人提供一种与债权人协商一致的债务免除（release），而起初债权人是拒绝提供这种债务免除的。

至今适用基金贷款的案件大多数源自债务调解委员会的建议，也有少部分案件来自支持强制司法解决方案的法院。在基金成立的头几年里，它向正式制度中少数债务人中的很大一部分提供了破产整合贷款（或者我更愿意称之为“债权人福利贷款”），并且有些贷款已经被豁免。该基金在 2002 年共发放 4 笔贷款，总额约为 13, 000 美元；在 2003 年共发放 1 笔贷款，总额约为 7250 美元；在 2004 年共发放 2 笔贷款，总额约为 9250 美元；在 2005 年共发放 5 笔贷款，总额逾 45, 000 美元。据卢森堡家庭部报道，在 2002 年接受贷款的 4 名债务人中，有 3 人在 2003 年开始偿还贷款，这似乎意味着第 4 笔贷款几乎立即被豁免（但具体情况尚不清楚）。财政部最近明确报告说，另外 3 笔贷款中约 4500 美元在 2004 年得到豁免。然而，正如家庭部发布的破产贷款回收报告所显示的（如 2005 年回收贷款 4250 美元），并非所有的这些贷款都能被豁免。反思一下这一独特制度的动机和有效性——你认为这样的制

度是解决消费者破产问题的最佳途径吗？卢森堡是否存在某些令这一制度更加合理的土壤？

卢森堡的第二种“类似免责”的救济方式同第一种方式相似，但影响更加深远——因此理论上也更加特殊。在“特殊案件”中，债务人完成7年还款计划后的剩余债务，基金能够帮助其进行全部或者部分清偿。当然，这种特殊的可能性也充斥着附加条件。首先，这种国家资助的免责只适用于财务状况“永久受损”的债务人（与法国“个人恢复程序”的准入标准相同），这些“明显破产”（manifest insolvency）的债务人不可能在7年还款计划中还清所有债务，即便在计划结束时进行资产清算，债务人的资产亦不足以清偿（retire）任何“相当数量”的部分债务。其次，这一程序不能适用于赡养费债务、公共费用或者任何归因于“金融领域的专业人士”的债务。这让人不禁想问，这种程序能提供有效救济的频率有多高。最后，债务人可以申请获得此种救济的机会仅为每10年1次。国家资助的第一种计划可能不会在2009年春季终结，因此，对于调解委员会、法院、基金管理人如 75
何解释这一救济程序的模糊条件，仍有待观察。鉴于严格的适用限制，这一程序似乎只适用于极少数债务人，提供的救济也很少。

c. 还款需求、豁免收入以及人的尊严

在比利时和卢森堡，法院强制执行的计划可以要求债务人清偿的金额仅受到一项含糊劝告的限制，即应当保障债务人及其家庭能够“过上符合人的尊严的生活”。⑮ 这一基本标准同样适用于双方协商一致同意的计划，尽管比利时的司法强制执行计划受到稍微更具体的限制。卢森堡的法律有意将这一模糊的“人的尊严”的标准留给司法机关的自由裁量权进行解释。这两个国家的法律都拒绝法国（以及许多其他国家）的做法，即对所有保留用于债务人家庭保障的非豁免收入数额作出明确的数额规定。

比利时法律虽然没有直接说明，但关于司法计划的条款与法国一样，似乎假定一般的收入豁免将作为“人的尊严”的初始基金，法官不应动用这笔资金向债权人作更多的清偿。然而，与法国不同的是，比利时法律明确规定，法官**可以**“通过特别动机的决定”，偏离一般的收入保护并（在有**和没有**主要债务免责的情况下）从豁免收入中强制还款。立法史表明了动用一般豁免收入的几个可能动机，如债务人的家庭负担较轻（尽管豁免是基于家庭构成）、债务人配偶的豁免收入水平或“债务与收入的相对规模”，等等。

76 为了评估动用豁免收入的影响，我们必须了解比利时的收入豁免是多么慷慨，尤其是经过 1993 年的大幅增加后的情况。就像法国的工资豁免法一样，比利时法律豁免了大多数低档部分的收

---

⑮ 比利时法律必须从这一基准进行出发，因为《比利时宪法》将这一基本权利确定为一项普遍适用的命题。*See* Const. Belg. art. 23（“人人都有权过上符合人的尊严的生活”）. 卢森堡的立法机关借用了比利时法律的这一概念。

入，对较高部分的收入豁免则越来越少。以2006年为例，个人月收入1125美元以下部分是100%保留给个人的，而月收入在1450美元以上的部分是100%用于偿付给债权人的。介于这两个数额之间的收入，则受到80%到60%不等的浮动范围的保护。因此，债务人每年绝对豁免收入的最高金额可达13,500美元，而对于每月收入在1450美元及以上（年收入约21,750美元）的债务人，每年的豁免收入超过16,000美元。但需要注意的是，正如法国一样，对于双职工家庭来说，这一限额增加了1倍，并且，每增加一个孩子则每月增加可豁免收入70美元。所以，对于双职工且只有一个孩子的家庭，每年可100%豁免的收入总额将近28,000美元，大部分家庭的豁免金额可高达33,500美元。考虑到在破产制度中大多数债务人的收入相对较低，比利时的豁免法让债权人可以获得受偿的收入非常少，因此，立法者明显感觉到，他们不得不允许突破这些限制并动用豁免收入（如果有的话），为在某些案件中达成清偿方案提供希望。

2004年一项针对比利时南部债务调解员的调查显示，35%的债务管理案件从豁免收入中进行了清偿，但并没有数据表明在协商一致计划和司法计划中清偿的比例或者使用豁免收入的程度。受访的调解员解释说，这些计划降低豁免收入的理由主要有两个：一是确保协商达成一项可行的计划，或者限制还款计划的时间长度。即使基于上述动用豁免收入的理由，比利时的债务调解员和法院似乎也一直允许严格但相对适宜的预算——大约是每人每年12,000美元，每增加一个孩子则大约多3000美元——尽管有多个孩子的夫妻每年的平均豁免金额仅为大约21,500美元。二是这些家庭的总收入可能非常少，但比利时制度似乎在每一种可能的情况下都不遗余力地将至少一小部分收入分配给债权人。

77

C. 向更加仁慈温和的日耳曼法系演进

与其他欧洲国家的制度一样，德国、荷兰和瑞典的消费者破产制度最初的设计宗旨是尽可能少地干预私人债权债务关系。因此，获得救济的人相对较少或者适用条件相当严格。然而，在这些新法律实施10年之后，立法者逐渐以各种方式放宽获得救济的条件。我们在此会再次看到，随着时间的推移，法国逐渐向更加自由且更具有干预性的救济方向发展——这与美国近年来的发展方向截然相反。当你阅读以下内容时，请再次思考：大西洋两岸的消费者破产制度是否正在趋同（converging）？如果是，为什么会趋同以及趋同点是什么？

1. 德国

回想一下，德国的债务人只有在非正式的信贷咨询和协商谈判阶段失败之后，才可能适用正式的破产制度。最初，德国破产程序中由法院主导的部分始于另一项强制性尝试，即协商谈判达成的还款计划。此时，如果接受还款计划的债权人以及在计划送达之日起的1个月内未进行表决的债权人，在总人数和债权金额上都达到了大多数，法院就可以强制少数异议债权人接受该还款计划。

关于协商的第二次努力已经成为泡影，在不远的将来可能废除。事实证明，在协商阶段很少有案件会因少数顽固的债权人反对而失败。考虑到大多数寻求正式救济的债务人的糟糕财务状况，从一开始就非常明显的情况是，大多数案件中人数和债权金额都占大多数的债权人不会同意所需要的干预式救济。在许多情况下，债务人没有非豁免收入可用于在还款计划中清偿给债权人，或者大额债权人拒绝同意这种还款计划，这显然是真实的。从2001年开始，这种法庭内的协商程序具有了可选择性——由法院行使选择权。只有在正式破产程序的明确威胁能够促使异议债权人变得 78
更愿意和解的情况下，法官才会选择与债权人再进行一轮协商。近年来，很少有法官得出这样的结论，也很少有法院选择这种庭内协商程序。因此，作为一个实际问题，这种“法院斡旋谈判”阶段在正式制度中事实上没有发挥任何作用。

在德国的大多数案件中，一旦与债权人之间的庭外协商谈判失败，就会启动一个被称为“消费者破产简易程序”（*vereinfachtes Verbraucherinsolvenzverfahren*）的正式庭内程序。从理论上来说，这一程序将分为两个阶段展开。

第一阶段是由法院任命的管理人（trustee）对债务人的非豁

免资产进行清算。与大多数其他欧洲国家一样，德国只有一小部分消费者财产可以不受寻求执行判决的债权人控制。德国法律规定的豁免财产仅限于“为维持债务人的适度生活和家庭活动所需，与他的职业及负债相适应”范围内的一般个人和家庭用品，以及债务人从事职业所必需的物品。事实上，如果某项豁免财产被认为过于“奢华”，比如，是一台彩色电视机而不是黑白电视机，它们就可以被债权人扣押并以不那么奢华的替代品取代，这一过程也被称为“替代扣押”（*Austauschpfändung*）。从理论上讲，德国的财产豁免似乎相当严肃地对待“适度”（modest）这个词，几乎将任何具有重大价值的财产都置于债权人触手可及的范围之内。⑯ 然而，在实践中，正如在美国和欧洲其他地方一样，德国的债务人很少拥有任何具有清算价值的硬资产，所以第一阶段通常仅是一种纯粹的形式。

第二阶段是程序的重点——被有趣地称为“良好行为期”（*Wohlverhaltensperiode*）。在消费者破产简易程序开始之日起的6年内，债务人必须将所有非豁免的工作收入（以及程序启动
79 后的前6个月内继承的任何财产价值的一半）正式移交给法院指定的管理人。管理人收集这些收入并且每年按比例分配给

⑯ 另外，为了防止债权人的手伸得过长，法律将特殊保护延伸到价值较低的物品。德国法律作为警告，禁止扣押对债务人具有个人价值但市场价值较低的物品。诉讼法规定，如果债务人家庭中正在使用的“普通家庭物品”的出售所得收益与其价值“明显不成比例”，则禁止扣押和出售。

债权人。⑰ 在第6年结束时，只要债务人在这6年期间表现出“良好行为”并且遵守了破产法的要求，其大部分剩余债务(Restschuldbefreiung) 就可以获得免责。⑱ 在获得（或者被拒绝）免责后，债务人必须再等10年才能再次寻求免责。

德国立法者在一项极富洞察力和创造性的举措中指出，需要提振债务人日渐衰减的动力，以争取在6年内努力实现长远利益。在债务人可能开始真正感受到持续的良好行为期带来的负担时，法律提供少量的奖励——所谓的“返还激励”(motivation rebates)——督促债务人继续前行。在第4年结束时，管理人会将债务人当年取得的非豁免收入中的10%返还给债务人。到第5年结束时，这一返还比例上升至15%。余债免责则是6年期间顺利完成的最终奖励。

另外，为了满足债权人的需求，德国法律明确要求债务人要尽最大努力去找到和保持有收入的工作。如果债务人未能找到或保持合理的工作，债权人可以申请法院拒绝免责。未能找到合适的工作*本身*并不是拒绝免责的理由，但债务人必须尽更大的努力来找

⑰ 但是，如果债务人在简易破产程序启动前自愿将非豁免工资收入抵押或者转让给某个债权人（这在美国是非法的，但在德国却很常见），则这种转让在6年期间的头两年仍然有效。在这种情况下，只有在债权—受让人获得全部受偿的情况下，管理人才能在6年期间的头两年获得收入并用于分配。从债务人的角度来看，结果是一样的，但这会对其他债权人的清偿产生重大影响。

⑱ 与其他国家的制度一样，有些债务不受免责影响。然而，在德国只有三种债务不受免责影响：故意侵权之债、罚款和罚金，以及已经延期但应当支付给破产法院的成本和费用。

到一份可以接受的工作，而不是简单地依靠职业介绍所。债务人必须准备好接受自己专业以外或者未曾接受过训练的工作，必要时甚至是临时工作。比如，司法部发布的一份消费者破产信息小册子描
80 述了一个假设的破产案件，案件中的债务人**诚实**先生（*Herr Redlich*——是的，这就是小册子里用的名字）失去了他原本做印刷工人的工作，从事了一份低薪的看门人工作。这个假设的故事解释说，**诚实**先生接受这个低薪的工作是“为了不危及他的免责”。

在德国立法者的思维模式中，要求每个债务人都有一个多年还款计划，在理论和实践上都发挥了至关重要的作用。从理论上讲，余债免责被视为一种异乎寻常的特权，以至于债务人必须接受任何合适的工作来努力赚钱，并与债权人分担未清偿债务的负担，如此方可获得这种特权。从实践中来看，要求债务人让渡数年的非豁免收入并努力获得和维持合适的工作机会，将起到一种“警示作用”，以保护法院不受如洪水般的无聊申请和滥诉申请的影响，确保只有那些准备并愿意努力履行其义务的债务人才能获得这种免责。[19]

---

[19] 此外，德国破产法起草者还受到了美国法学教授托马斯·杰克逊（Thomas Jackson）的著作及其经济学理论的影响。在杰克逊教授有关债务免责政策的著名研究成果中，他质疑了忽视消费者债务人未来赚取能力这一“人力资本”中有价值的财产利益的经济合理性。*See* Thomas H. Jackson, *The Fresh-Start Policy in Bankruptcy Law*, 98 Harv. L. Rev. 1393, 1431 – 35（1985）. 因为信贷扩展至消费者（理论上）并不是基于其当前的资产，而是基于其未来收入能力。德国评论员认为，德国破产制度应该要求债务人遵守协议，尽最大可能实现其“人力资本”来偿还债务。德国的立法者设计了基于未来工资而延长还款期限的要求，部分原因是为了跟上现代消费者信贷经济发展的步伐。

在有多少劳动成果可以留给债务人这一关键问题上，德国法的回应与法国大致相同——参照国民收入豁免标准。在 20 世纪 90 年代，工资保护让受到影响的债务人所获得的豁免收入少之又少。早期经验表明，豁免数额少到甚至不足以维持最低生活标准，也无法增进实现财务复苏的机会，因此，德国立法机关于 2001 年做出回应，使这些豁免更加足够维持生活。从 2002 年 1 月 1 日开始，所有债务人的最高豁免金额上升了近 50%。从豁免标准的另一端来看，对于单身债务人和无子女的夫妇 81
(占了德国家庭的绝大多数)，法定的最低豁免收入金额也增长了近 50%；而对于有子女的债务人，则增长了 30% 到 40%。这一豁免标准现在由司法部每两年审查和重新公布一次，以跟上通货膨胀的步伐。

根据最近的数据和汇率，一对无子女的夫妇，如果仅有一方工作，年度净收入中 2 万美元的部分可以 100% 保留，如果双方都有工作，可以保留的部分则最高可到 3 万美元。对于超过这些限额的收入部分，债权人能够从中获得的部分不断增加（最高可达 50%），并可以获得夫妻任何一方的年收入超过 45,000 美元的部分。法律还为那些对子女、前配偶或其他人员负有抚养（扶养）义务的债务人保留更多的收入。不足为奇的是，破产顾问和法官报告说，这些豁免标准仅在相对较少的案件中为债权人留下了分配的空间。德国司法部于 2006 年 11 月表示，在大约 80% 的案件中，债务人的非豁免收入几乎无法支付案件管理费用，没有任何财产可以分配给债权人。

在德国，关于债权人与债务人之间利益与负担的适当平衡的争论仍在激烈进行。对于债权人受偿不够以及债务人滥用这一制度的担忧，促使各方提出对破产制度进行新一轮修订的建议。司法部已经宣布将于2007年启动一项主要的改革提案，预计还将提出其他方案。这一领域的研究课题在很大程度上仍在不断变化。

2. 奥地利

奥地利制度在功能上与德国制度的运作方式大致相同，尽管它提供的救济明显不那么慷慨。理论上，奥地利的债务人可以通过寻求"强制协议"（*Zwangsausgleich*）快速获得实质性的救济，根据该协议，债务人提议在2年之内向无担保[20]债权人至
82 少清偿20%的债权，或者在5年内清偿30%的债权。如果大多数有表决权的债权人（至少占有表决权债权人的债权总金额的75%）同意接受这一提议，债务人将在履行其所承诺的部分债务清偿义务时获得余债免责。然而，这种短期协议仅占全部案

[20] 无论是在欧洲还是美国，担保债权人总是被单独考虑的，必须进行100%的清偿或者是以担保财产清偿。

件的1%～2%。[21]

奥地利绝大多数的消费者债务救济案件都要经过一个法院主导的协商阶段，可能还有一个非自愿救济阶段，这一点很像德国。从理论上讲，第一阶段始于债务人非豁免财产的清算，尽管近年来有资产可供清算的案件比例仅约10%。除了向债权人提供非豁免财产的清算收益外，在不能达成上文提及的较短期限的“强制协议”的情况下，债务人还必须提供一个长期还款计划（*Zahlungsplan*）。债务人必须提出一个拟清偿与其未来5年预计非豁免收入相当债权金额的还款计划。与德国相比，奥地利的豁免收入数额略低，但也相差无几。拟订的偿付款项必须由债务人直接偿付给债权人，期限不得超过7年。如果债务人的财务预测准确，拟订清偿的金额将在5年内偿付，但是7年的还款期限能够提供一个额外2年的“压力阀”，以应对不可

---

[21] 实践证明，荷兰类似的“强制协议”（forced agreement）也同样奄奄一息。在荷兰，启动庭内程序之后，债务人可以（但非必须）向债权人提交一份拟议的“自愿”还款计划（一项所谓的“协议”）以供债权人表决，就像奥地利的强制协议（*Zwangsausgleich*）。荷兰关于表决的要求远没有奥地利严格，只要出席会议的无担保债权人和优先债权人在人数和债权额上的简单多数（过半数）同意，法官就可以批准债务人的还款计划，并将此计划强加于异议债权人。另外，如果3/4的优先债权人和无担保债权人投票支持该计划，但一个或者多个债权金额特别大的债权人反对，法院可以强制批准（cram down）该计划，特别是在没有一项“自愿”计划而继续进行正式程序，考量异议债权人坚守的债权回收率，认为拒绝批准计划的大债权人是“不合理的”情况下。在荷兰这一新法律实施的头两年，只有1%的案件成功地适用了这一“协议”（accord）程序，之后的案件比例也只有4%。

预见的财务问题。然而，如果债务人的财务预测被证明是过于
83 保守的，债权人可以主张受偿的金额不会超出该计划金额，债务人则可受益于不可预见的财务状况改善。如果大多数债权人同意该计划，并且所代表的债权金额至少占到了所有有表决权的债权人债权总额的75%，则视为所有无担保债权人都同意该计划。

有了这一还款计划的提议，债务人也可以（大多数人也确实这样）申请最终的破产程序——类似还款计划的提议被拒时债务人申请的程序。如果债权人不接受偿还计划（或者债务人财务状况在还款期限内显著恶化，并且债权人拒绝接受修改后的计划），一个适格的“虹吸程序”（*Abschöpfungsverfahren*）就可以启动了。就像在德国一样，债务人必须将其未来7年内**实际的**非豁免收入（无论其来源）**全部**转让给管理人，由管理人每年将这笔钱分配给债权人。在此期间，债务人必须尽一切努力维持其适当的工作，并与管理人合作，否则就可能失去免责的好处。

与德国不同的是，奥地利这一程序的进展和结果很大程度上取决于债务人的财务表现。在有些案件中，奥地利债务人的还款期限可能短于或长于7年，奥地利法律只向能够清偿大部分债务的债务人提供救济。债务人通常必须至少在3年内支付诉讼费用（25～185美元），**并且**在7年内清偿无担保债权的10%，才能获

得免责。如果债权人在3年内设法支付了诉讼费用并至少清偿了50%的无担保债权，则可以提前获得免责。另外，如果债务人未能支付诉讼费用并且在7年期间没有清偿10%的无担保债权，法院可以基于“公平起见”，裁定立即免责（如果债务人的清偿金额仅是略低于全部债权10%的目标）或者将还款期限延长3年(共计10年)。如果债务人不能设法让无担保债权的受偿金额至少接近全部债权的10%，法院亦无法确定债权人应当受偿的比例确实少于“10%”的“公平”理由，那么，债务人即使经历了7~10年的还款期限，也可能被拒绝免责。

鉴于完全强制的“虹吸程序”是站在债务人拟订还款计划的另一边，债权人普遍愿意接受拟订的计划。在奥地利法律实施的第一个10年中，绝大多数债权人（这是必要的条件）接受了拟
订还款计划，这种情况约占已结案件的70%（从早些年60%的 84
比例开始上升），尽管近几年还款计划提议的平均债权偿付比例只有12%~13%。在其余那些“虹吸程序”持续了7~10年的案件中，大多数在最近几年都以7年后获得免责的形式结束，正如计划所规定的，只有极少数的案件超过了7年。有相当数量的案件（20%~25%）在7年期限届满之前因为债务人的过错（如不能就收入、就业等问题与管理人保持良好合作）而被拒绝免责，也有相当多的案件（约10%）在还款计划期限仅仅过了3年就以债务免责宣告终结。但是，亦有少量案件（约

5%）的债务人因无力清偿全部债权的10%而被拒绝免责。奥地利制度的这一独特方面已经受到社会福利机构的诟病。据报道，这一制度从一开始就阻止了债务人寻求救济，因为他们知道自己即便是在长达10年时间里也没有足够的赚钱能力来偿还10%的债务。

3. 荷兰

荷兰案件的启动与德国比较类似。如果债务人的申请文件齐全，法院审查后认为债务人不能继续正常还款且秉持“善意”寻求救济，就会任命一个管理人调查债务人的财务状况，㉒ 收集和清算债务人的可用资产（再次重申，这通常只是一种毫无意义的形式而已），并执行法院制定的还款计划。在还款期限结束后，大
85 多数㉓未偿付的债务“不再可强制执行”，除非法官以债务人未能履行破产法下的义务为理由而拒绝免责（这种结果迄今相当罕见）。与德国一样，法院一般认为债务人的主要义务之一是，尽最

㉒ 荷兰法律关于财产管理的一项独特做法是所谓的“邮件拦截”（*postblokkade*），它要求将债务人在案件审理过程中收到的邮件转寄给管理人。这一规定的目的是确保管理人得到关于债务人正在支付的款项和未申报的债务的完整信息，这两种信息都将影响财产管理。同时，管理人必须将与债务人财务状况无关的邮件交给债务人。据管理人报告，能够获得债务人的邮件，对于发现被隐藏或者被忽视的资产和负债都是非常有用的（至少在第一年左右是这样）。

㉓ 荷兰目前法定的唯一不受免责影响的无担保债务是学生贷款，但是，根据荷兰议会一院（参议院）正在进行的立法改革，刑事罚款和赔偿金债务可能很快也会不受免责的影响。

大努力寻找并维持能给债权人带来最大收益的工作。

荷兰的还款计划在核心内容方面与德国存在很多的不同。目前，法律在理论上是给予了法院最大限度的自由裁量权，允许法院以任何看起来“合理与公平”的条款来设计还款计划。然而，荷兰议会正在进行立法改革，该立法将在所有案件中采用在实践中形成的标准化方法作为新规则。目前，大多数计划只是简单规定了债务人可保留收入的一定数额，并将超出该数额的部分在标准的 3 年期限内分配给债权人。因此，荷兰还款计划的期限仅是德国的一半。荷兰法院在特殊情况下可以强制实施 5 年计划，但到目前为止，还款期限超过 3 年的计划相当罕见。

3 年期限还是比较好的，因为数十年的信贷咨询经验已经证明最长 3 年的还款计划模式的有效性。立法者强调，由信贷咨询顾问建立的这种模式很大程度上是为了避免“再犯”（债务人未能履行还款计划，随后转而寻求更多的债务救济，就如在法国经常看到的那样）。更长期限的计划已经导致了消费者债务人的动机减弱，重复发生债务的问题明显增加。有人建议，特别是自愿信贷咨询模式的经验表明，期望有些债务人忍受严格预算限制的生活超过 3 年，“从社会的角度来看是不负责任的”。因此，比任何其他影响都更重要的是，荷兰发展良好的自愿安排实践促使其采用了 3 年的标准——这比周边其他国家债务救济制度的期限要短得多。

荷兰以一种独特的方式计算还款计划期间，为债务人提供支持而保留的收入数额。正如德国和法国早期的消费者债务救济制度，荷兰的法律要求债务人将在正常的执行程序中未能免受债权人扣押的所有非豁免收入全部移交给管理人。与其他国家制度不
86 同的是，荷兰法律不是根据债务人税后总收入的一定比例来确定豁免收入，而是以官方福利救助标准的百分比来确定，并根据债务人的某些家庭开支情况进行一系列的调整。实践中，这一理论基线总是在增加，允许债务人保持更多的收入来支付基本生活费用。

可能令外国学者感到吃惊的是，到目前为止，法律字面上的强制豁免收入标准，在大多数实际案件中从来就不是**真正**适用的法律。在法律实施的头几年，很少有法院将债务人的豁免收入降至社会福利救助最低标准的 90%。确实，私法立法中令人吃惊的一点是，荷兰全国破产法官工作组（被称为 *Recofa*）在 2000 年年底召集成立了一个委员会，通过了统一还款计划中债务人“剩余费用金额”（*vrij te laten bedrag* 或 *vtlb*）的计算基准，以协调庭内与庭外的消费者债务恢复实践。由此产生的 *Recofa* 计算指南提出了基本收入的豁免和额外可扣除支出的标准，与美国国税局的指南有点相似，但其以一种更加普遍的方式实施。此后，荷兰的法院、信贷咨询机构几乎都采纳了这一标准，在正常司法执行程序中采纳这一标准的官员也越来越多。

与荷兰新消费者破产法实施头两年的司法实践相一致的是，*Recofa* 指南为完全依赖于公共救助的债务人保留了社会最低救助标准金额的 95%，并且 100% 保留债务人每周至少 18 小时内的工作收入。实际上，在夫妻双方为共同债务人的情况下，双方每周均工作至少 18 小时的，*Recofa* 指南允许保留社会最低救济标准的 105% 给共同债务人。*Recofa* 指南对此采纳了较高的标准以回应普遍认可的债务人需要，即债务人可能需要为大额的或者非预期的支出预留一些准备金——还可以鼓励债务人去寻找或者保持就业。此外，对于单身的工作人士（无论是否有子女），如果他们的收入高于社会最低收入水平，则该最低保留标准可以提高 40%。因此，无论是在德国还是荷兰，这一制度都明确回应了给债务人工作和创收提供激励的需要，但相比之下，荷兰的做法更加非正式和更为直接。

根据2006 年的数据，*Recofa* 模式为单身债务人（无子女）每 87
月保留至少 750 美元的基本支出津贴，如果债务人的月收入超过 750 美元，则保留其 95% 的收入但最多不超过 1050 美元。对于工作的单身父母来说，这一最低和最高的保留数额分别增加到每月 1050 美元和每月 1350 美元。这两类群体代表了近些年荷兰庭外及庭内债务调整程序中约 2/3 的债务人。共同债务人（无论有无子女）如果双方每周都至少工作 18 小时，则可以保留每月 1600 美元的收入以供基本开销；如果仅是一方工作，则可以保留每月

1500 美元。

除了这些用于基本生活开销的保留金额外，***Recofa*** 指南还为债务人增加了超过某些最低标准的健康保险费和每月房屋租金㉔的预算，还提高了债务人津贴，以涵盖债务人的未被雇主支付的育儿支出。为满足一定程度的家庭营生以及医疗支出需要，还增加了每月 200 美元的汽车及交通费，尽管它建议用助动车作为汽车的廉价替代品!

由于这些债务人保留金额以及管理人薪水和其他费用的优先支付，荷兰的还款计划迄今为止基本上或者纯粹是象征性的，能够提供给债权人的金额微乎其微甚至根本没有。一项著名的研究显示，在 1999 年至 2000 年申请的案件中，已知有支付能力的受访案例，约有 56% 的债务人仅可以支付每月 25 美元甚至更少的管理费用，另外约 25% 的债务人每月仅能支付 25 ~ 125 美元。与这一结论相一致的是，债权人在新法律实施的最初几年抱怨说，仅有约 20% 的案件举行了听证，以核实债权人的债权并制定向债权人分配的计划。荷兰制度将要持续面临的挑战仍然是低收入和高负债的问题。与德国一样，荷兰也在开展新一轮的消费者破产法律制度改革，其结果极有可能是对现有制度作进一步的简化和标

㉔ 荷兰的法律并非为购房者所设计。***Recofa*** 模式明确将抵押贷款本金或房屋灾害保险的支出排除在住房费用之外，它还建议，大多数案件中债务人拥有的负担着抵押贷款担保的房屋应当予以出售（大概债务人应该找到租赁住房）。

准化。

4. 英格兰和威尔士的简要比较 88

尽管我在前面提到，除美国之外的英美法系制度在这里基本上会被搁置不谈，但是英格兰和威尔士㉕的情况值得进行简短的比较。英国制度以重要和有趣的方式体现了前面提到的制度元素，考虑到它与这里讨论的国家很接近，完全不提英国的话会显得有些另类。英国的消费者破产和企业破产都由《1986 年破产法》(Insolvency Act 1986) 调整，其中大部分内容被《2002 年企业法》所修订（2004 年 4 月 1 日起实施）。英国提供了两种救济途径：一是协商还款计划的途径，二是强制破产的途径。

协商还款计划的目的是制定一个“个人自愿安排”(Individual Voluntary Arrangement) 或称为 IVA。在英国，无须与债权人进行事先申请的非正式协商，尽管每年都有成千上万的英国消费者向公共的“公民咨询服务局”或私人的“债务管理公司”寻求咨询，而且往往均会产生双方同意的“债务管理安排”。在英格兰，提出和实施部分强制性的 IVA 正式程序与奥地利的“强制协议”(*Zwangsausgleich*) 非常相似。债务人在破产从业者(Insolvency Practitioner，IP，通常是会计师) 的帮助下起草一份

㉕ 请注意，苏格兰拥有自己稍微不同的消费者破产制度，更不用说混合了普通法系和大陆法系元素的不同法律传统。这里的讨论将仅限于英格兰和威尔士的制度。

还款计划，建议用 3 ~5 年的时间将盈余收入偿付给债权人。正如奥地利的“强制协议”一样，只有在持有 75% 以上有表决权的无担保债权金额的债权人同意之下，IVA 才能被接受。法律对债务人能够（或必须）在 IVA 中向债权人偿付的金额多少没有限制，债权人控制着他们愿意接受的最低分配额［也被称为“可接受的最低清偿率”(hurdle rate)，最近几年许多债权人已经将此比例提升至 35% 甚至 45%］。

在过去的几年中，IVA 在英国所有的正式破产案件中约占比 25% ~30%，2006 年的这一比例剧增至 40%。与此同时，IVA 被银行以及社会福利机构所诟病。破产从业者在一件 IVA 案件中的收费约 2000 英镑（约合 4000 美元），管理一个 3 ~5 年的还款计
89 划收费约 1 万英镑（约合 2 万美元）。这种较高的收费标准加上其他情况，往往导致 IVA 失败，消费者债务人得不到救济，并且可能陷入比以往更糟糕的境地。

另外一种更加激进、最受欢迎的救济方式是个人破产清算(bankruptcy)。大多数英国债务人的未清偿债务在破产案件开始后 1 年内能获得广泛的免责（这一期限在《2004 年企业法》实施前是 3 年)。为了满足这一救济的适用条件，债务人必须证明自己无偿债能力，并且必须支付约 475 英镑的费用［约 950 美元，其中，150 英镑（约合 300 美元）是交给法院的诉讼费用，325 英镑

(约合650美元) 是管理费用]。[26] 作为获得这种快速债务免责的条件，所有债务人必须放弃非豁免财产 (就像在其他国家一样，只有在极少数情况下才有这种非豁免资产)，一些债务人还被要求以未来期限内的盈余收入来偿还债务，这个未来的期限有的长达3年。

是否要求拿出未来盈余收入偿债以及需要拿出多少数额，在很大程度上取决于破产体系下的当地官方管理人，即破产服务局中的官方接管人 (Official Receiver，OR)。官方接管人的唯一审查标准是一个模糊的要求，即债务人需要保留足够资金以供“家庭合理需求”。在21世纪初的所有个人破产清算案件中，官方接管人签发“收入支付令”(income payment order) 要求债务人将未来盈余收入用于偿债的案件占比仅约10%。《2004年企业法》实施之后，一项新的“收入支付协议”程序引导很多债务人同意将未来的合理收入用于清偿债务 (以避免与官方接管人之间产生冗长且费用昂贵的法庭内角力)。尽管英国破产清算案件中债务人向债权人清偿的数额相差很大，但债务人向债权人进行一定比例清偿的案件所占比例已经翻了一番，将近20%。

5. 瑞典

与法国和卢森堡一样，瑞典的债务人不是向法院申请救

---

[26] 与奥地利一样，要求这种数额相当可观的支付，会将低收入的债务人排除在该制度之外，这一制度近年来催生了许多改革建议。

济，而是向官方行政机构申请。但是与法国和卢森堡大相径庭的是，瑞典负责主管消费者破产制度的机构是国家执行机构
90 （*Kronofogdemyndigheten*，通常简称为 KFM）。KFM 以前是税务局（*Skatteverket*）的一个分支，但在 2006 年成为一个独立机构，首要职能是担当公共债务和私人债务的官方催收人。我们可以想象瑞典债务人在向债务催收机构申请债务救济时必须经历的焦虑！在 2007 年 1 月改革之后，法院在瑞典消费者债务调整制度中几乎不再扮演任何角色。法院将继续审理债务人和债权人对 KFM 关于债务人获得救济资格的调查结果和对还款计划条款的不满提出的申诉，尽管在过去绝大多数的案件中法院都只是确认了 KFM 的立场。

与法国的个人过度负债委员会一样，KFM 的每个区域办事处都要审查救济申请，以确定每个申请人是否符合适用破产制度的标准（将在下文讨论）。如果债务人适格，KFM 办事处将适用税务局制定的预算准则，制定强制还款计划，将债务人的部分收入保留给债务人，然后指导债务人将剩余收入分配给债权人，通常的还款期限为 5 年。[27] 这种路径与美国现在的实践惊人的相似。与法国制度相似但区别于其他大多数国家的做法是，瑞典的上述

---

[27] 在 2007 年之前，KFM 只能向债权人提出还款计划，如果有任何债权人反对（无论有无理由），那么 KFM 必须将案件提交所在地的普通地方法院，法院在大多数情况下都会下令强制批准 KFM 制定的支付计划。

程序没有管理人负责财产收集和债权清偿的分配，而是由债务人直接向债权人还款，债权人是唯一监督债务人遵守还款计划的主体。一旦还款计划履行完毕，就免除债务人对还款计划涵盖的债务中未偿付部分的还款责任。

在申请阶段对案件进行细致的预先筛查，是瑞典和其他北欧国家消费者债务救济制度的一个独特方面。法国个人过度负债委员会和荷兰法院都会评估债务人寻求救济时的“善意”（good faith），但瑞典的筛查程序更有条理也更详细。在瑞典，**债务重新调整**是一项“一生一次”㉘ 的特权，并且这种制度只向管理者认为真正值得享有这一特权的债务人提供救济。

最初，债务人必须至少出现预备工作中所称的“适格破产” 91
（qualified insolvency）。易言之，债务人必须是无力清偿到期债务，而且这种无力清偿的情况必须是在“可预见的时期”将持续下去。法律并没有明确规定可以合理地预见到未来的多长时间，但似乎很清楚的是，债务人必须至少是在一个标准还款计划的5年期内无望恢复清偿能力。

一个正式的案件只有在KFM得出结论认为债务人的“个人和经济状况”表明“给予其债务调整是合理的”时候才可以启

㉘ 从理论上讲，如果债务人出现“极端原因”，则还可以再次申请这种救济。如债务人在人生早期经历了债务恢复，然后在很长一段时间后，由于疾病、过早退休或长期失业而再次陷入极端严重的过度负债。

动。立法者一直在争论这一假定的方向，尽管他们一直否决那些推翻这一假定的提议。换言之，原则上在所有案件中都批准债务救济的申请，除非债务人的状况表明这样做是不合理的。

尽管认定提供救济的“合理性”是留给 KFM 的自由裁量权，但瑞典法律强调了几个值得特别考虑的因素。首先，KFM 必须考虑“债龄”。换言之，债务人大部分债务的“年龄”必须足够“老”，以表明债务人已经与这些债务进行了“搏斗”（wrestle）并且是试图管理自己的债务负担未果，将正式的债务调整作为最后的手段。在通常情况下，债务人必须在至少 3 年的时间内为沉重的债务问题而挣扎。法律似乎没有对此设定明确标准的规则。这一因素蕴含的想法似乎是，债务人必须在某种债务炼狱中挣扎相当长的时间，才能被允许通过债务宽恕的“天国之门”。

其次，KFM 必须考虑导致债务人负债的情况。虽然因债务人挥霍消费产生的巨额债务可能与这一因素相冲突，但设定这一因素的重点似乎是遏制债务人逃避刑事责任、不公平债务和投机性债务责任的企图。因此，背负巨额刑事罚金甚至是大量违规停车罚单的债务人，在适用这一制度时遭到了反对，但在一些已报道的案件中，如会计欺诈定罪的情形并没有构成适用这一制度的障碍。截至 2006 年年中，瑞典最高法院（*Högsta Domstolen*）受理了将近 12 起涉及应否允许债务人适用债务调整制度的案件，只有 2 起是判决驳回债务人的申请：其中，一起是维持了下级法院拒绝一对因证券和房地产投机而负债的夫妇申请救济的决定，法院认为，这些活动涉及“明显的投机因素”和“高风险”。另一起案件是维持了下级法院拒绝一名前企业主申请救济的决定，因为他陷入了一个常见的陷阱，将员工工资税、社会保险费用和增值税的扣缴款项转入自己的私人企业。“债务性质”因素似乎只是 92
一个“压力阀”，用于处理那些管理者认为明显不值得救济的案件。

最后，KFM 必须考虑债务人为履行义务所做出的努力。尽管法律几乎没有说债务人具体需要做什么，但这一因素显然与“解决方法”（债务人应当做什么）相关，而非与“禁止行为”（债务人不应当做什么）相关。KFM 和法院对这一因素的解释相当苛刻。与德国法律的明确要求一样，瑞典法律含蓄地要求债务人积极寻找并维持合适的工作，以创造收入来偿还债务。除了增加收入外，债务人还要尽可能地减少生活开支。有些债务人会因为过大的生活开支而被拒绝适用该救济制度。关于期待债务人努力还债的另一个更不明显的要求是，债务人必须用其非必要资产（不仅仅是豁免资产）的价值来努力偿还债务。与其他欧洲国家的制度不同，瑞典的制度要求债务人——不是管理人或者清算人——清算所有非必要资产，以此作为寻求正式救济的前提条件。像其他地方的债务人一样，瑞典的大多数债务人缺乏可供合理清算的资产，但是对于拥有房产的大量债务人来说，他们都面临一个相同的窘境。即债务人是否必须出售自己的房产并搬到出租公寓居住，这一直是一个特别的争论点。瑞典最高法院在早期审理的一个案件中阐明，只要实现债务人在房屋中的实质权益或者大幅减少债务人的生活开支有利于债权人受偿，债务人就必须出售住宅。

基于上述几个“合理因素”，相当大比例的案件不可能通过这个筛查的大门。自新法于 1994 年中期实施至 2001 年，KFM 拒绝了大约 40% 的案件申请，然而，2002 年及 2003 年拒绝的案件比例下降至 30% 。再加上债务人自愿撤回申请的比例每年占到大约 12% ~14% ，瑞典通常只有约 50% ~60% 的案件能够通过筛查阶段而进入正式程序。

对于少数通过筛查阶段的案件，KFM 制定了在债务人同意遵守条款的情况下强制要求债权人接受的还款计划。与荷兰相似，尽管法律允许有明显的灵活性，但瑞典精心制作还款计划的实践在很大程度上已经实现了标准化。不过就像在荷兰一样，这种标准化并不令人惊讶，因为还款计划的两个关键要素——还款计划
93 的期限长度和给债权人的清偿数额——很大程度上是由法律、法规或债务人贫乏的经济状况所决定的。除了最不寻常的情况外，大部分案件都以 5 年还款计划结束。遭受致命疾病威胁或者年事已高的债务人可能得到 3 年期限的还款计划，但这种情况是罕见的例外。

在决定如何在债务人和债权人之间分配债务人的未来预期收入时，瑞典采取的方法反映了我们在前面讨论的大多数其他国家的制度要素。与法国和德国的法律一样，瑞典法律对此也是从一般的收入豁免开始。尽管这一基准在技术上被认为只是对确定债务人可以保留收入数额的“指导”，但 KFM 在实践中大多数情况下都是简单地采取一般豁免标准作为**事实上的**规则。然而，像荷兰特别是美国的做法一样，瑞典税务局的准则允许至少通过三种方式来补充基本保留数额。首先，大多数地方的 KFM 办事处为债务人的收入保留预算增加了一个“缓冲资金”（*buffert*），如对于意外支出的预留数额。各地 KFM 办事处过去在允许增加“缓冲资金”方面的做法差异很大，从没有“缓冲资金”到每月几百克朗（约合 50 美元）。其次，基本豁免中涵盖了家庭支出，但是住房成本（抵押贷款或者租金）只要根据税务局的准则被认为是“合理”的，则可以允许单独酌留，即只要它们与给定地区的平均租金费率接近。最后，对于通勤成本、育儿支出，有时甚至包括额外的医疗支出，都会有单独的津贴。

瑞典的一般收入豁免（*förbehållsbeloppet*，保留金额）同样由瑞典税务局根据执行法典每年按照通胀情况进行重新调整计算。受保护的收入保留数额因家庭构成情况而异，并非取决于债务人的收入水平。通常的执行法典，特别是工资扣押的法律，目前正在接受深度审查，豁免收入的性质和金额在接下来的几年里可能有重大变化。不过，从2006年起，单身债务人可以保留的基本豁免金额为每月525美元，作为吃穿用度以及其他家庭开支，而成年的同住人每月有约870美元的基本津贴。[29] 对于债务人家庭中的7岁以下的孩子，每月按照每人大约280美元的标准增加
94 津贴，对于7岁以上的孩子，每月按照大约320美元的标准增加津贴。

由此可见，瑞典税务局的标准与美国联邦税务局的标准非常接近。瑞典对有多个同住人的家庭津贴较为慷慨一些，至少对于最有可能申请救济的低收入群体而言如此。在瑞典，两个同居成年人和一个未满7岁的子女组成的3口之家，豁免预算约为每月1150美元——孩子7岁以后将增至每月1190美元。美国相同情况的家庭，如果家庭年收入为4万~5万美元，豁免预算只有每月937美元；如果年收入为5万~7万美元，豁免预算每月只有1017美元。只有当美国三口之家的年收入超过7万美元时，他们的豁免预算才会高于瑞典三口之家的每月1368美元。对于子女超过7岁的单身母亲，瑞典税务局的指导准则是每月豁免845美元。而在美国，相同情况下，家庭年收入为3万~4万美元时，可以豁免的收入为每月744美元；家庭年收入为4万~5万美元时，这一

---

[29] 这些数据反映了1美元兑换8瑞典克朗的汇率。这一汇率试图反映两国的相对生活成本（两种货币在各自当地市场的相对“购买力平价”），尽管这种比较具有不确定性，但8∶1的保守换算率很可能大大高估了瑞典债务人收入豁免额的购买力。

金额可以增至每月 825 美元。在美国，收入较高的债务人能够豁免的收入比瑞典的多，但对于年收入超过 5 万美元的单身母亲，以及家庭年收入超过 7 万美元的三口之家，在美国申请破产救济的案件中并不常见。奇怪的是，瑞典一人户的家庭情况略差。至 2006 年年末，美国年收入为 3 万 ~4 万美元的单工薪家庭每月豁免金额为 556 美元，如果年收入为 4 万 ~5 万美元，这一数额上涨至每月 621 美元。相比之下，瑞典所有的单工薪家庭的豁免金额只有每月 525 美元左右。

即使扣除这些适中的豁免金额（可能还包括缓冲资金或者其他经常性开支的豁免金额)，许多瑞典债务人也没有剩余收入可供清偿给债权人。KFM 在这种情况下只是向债权人建议所谓的“零清偿”（*nullförslag*）。在这种情况下的实际效果是债务人即时免责。虽然法律似乎没有规定这样的结果，但立法记录显示，立法者预料到并已接受了许多债务人将没有还款能力并将被立即免除债务的事实。尽管少有公开数据显示这类案件的具体数量，但据 95
合理的估计，在瑞典所有正式的债务救济案件中，至少约有 1/3 的案件是以零清偿和即时免责而宣告结束。

继续观察其他国家的趋势可知，在剩下的“可支付计划”中，只有相当少的案件可以给债权人实质上的清偿。在瑞典 2002 ~2003 年超过一半的 KFM 计划中，债权人的实际受偿率约 10% 甚至更少，清偿比例超过 20% 的案件仅占 1/4。从这些年对寻求收入豁免和债务咨询的债务人可支配收入额的粗略估计来看，似乎至少有 70% 的还款计划每月可分配给债权人的金额低于 1500 克朗——最多约合 175 美元。

问题讨论 96

1. 你认为哪种正式救济途径最有效、最有可能“解决”问题、最公平？特别是，保留给债务人多少最小生活开支是合理的？足够长的期限是多长？是 1 年、3 年、5 年、6 年、7 年还是 10 年？依据是什么？是否有社会的、政治的或者经济的因素使美国的还款计划与欧洲相比更加可行或更不可行？你认为欧洲的学生可能如何回答这些关于美国的问题？

2. 你如何看待美国的改革努力？你认为欧洲人对此会怎么看？

3. 你认为借鉴其他国家的立法和实践经验以发展自己的法律(如比利时和卢森堡）具有正当性吗？“借鉴”在某些情况下会成为问题吗？两种制度必须要有多大的相似性才能让“借鉴”有效？

4. 地域因素是否会影响消费者债务救济程序？或者你是否认为可以（应当）有一个正式的消费者债务救济制度的欧洲标准甚至是全球标准？不同的制度看起来是否解决了不同地方的问题？特别需要考虑的是，美国是否已经实施了更有效的替代方案——或者说，当前的美国制度中所要求的极其复杂的细节是“必要之恶”，还是说对每个个案而言都是一种事无巨细的方法？这些立法创制旨在实现哪些政策？这些政策在美国和我们所讨论的欧洲国家之间是相同还是相异的？“一刀切”不适合所有人吗？

5. 如果大多数还款计划都无法提供清偿，那么强迫每个债务人进入“还款计划”有什么意义？正式还款计划的管理成本是否超过了它的收益？

6. 我们如何解释这些制度之间的巨大差异？你认为为什么每个国家都选择了它所采取的制度——政治、经济、社会、历史和法律原因？特别是关于管理结构——为什么有的制度以法院为中心，而有的则由行政机构驱动？为什么是税收征收机构（瑞典）或者中央银行（法国），而不是社会福利机构或者咨询机构（卢森堡）？特别是在大多数案件中还款计划的清偿率很低或者没有清偿时，是否值得建立一个单独的司法管理结构（美国）？

97 7. 大西洋两岸的正式救济制度是否正于发展中趋同？这是偶然，还是有其他因素驱动这些不同制度走到一起？如果是趋同发展，那么汇聚点是什么？你是否相信这个焦点代表着“所有合理的制度都不可避免地交汇”这一“自然法则”的所在之处？还是一种外部力量将这些制度驱动至一个共同点（或者，事实上是将它们分开）？

8. 回想一下，法国类似于美国《破产法典》第7章的“个人恢复程序”案件，近些年约有3%～5%的债务人拒绝采取类似的措施。你认为这是否在告诉我们法国债务人文化中“轻松脱身”

的污名，抑或其他?

9. 回想一下卢森堡独特的由国家资助的还款计划——你相信这一制度是解决消费者破产的最好方式吗?是否存在一些社会因素或政治结构因素让这一制度在卢森堡更合理?

10. 对于哪些债务人能够获得救济，以及需要付出多少代价才能获得救济，很多国家给予当地管理人广泛的自由裁量权。在一些国家，尤其是德国，似乎建立了清晰的、统一的、全国性的要求和标准，你认为案件之间的一致性有多重要?换言之，这些制度是否应当极力避免同一制度下不同地区“地方法律文化”的影响?

99 # 第四章　比较观察的结论

无论是在美国还是欧洲，缓解消费者过重债务负担的制度似乎基本上都围绕着相同的核心理念和路径进行设计，尽管不同的制度之间在细节方面存在一定程度或大或小的区别。本章作为最后一章，将跳出前面章节讨论的微观分析，以三个关于这些制度总体运行的元观察（meta-observations）作为结论。

A. 比较视野下的申请率上升

许多国家的消费者纷纷涌向债务救济制度，这一令人担忧的增长趋势在大多数地方鲜有消退的迹象。受美国 2005 年 10 月破产法改革的影响，消费者基于新法的预期，申请债务救济的案件数量迅猛增加，然后又急剧下降。很多研究观察预测，申请数量将在短期内重回 2005 年 10 月前的水平。这方面的一个显著趋势已经显现。近 10 年来，美国年度申请率一直徘徊在每 1000 名居民中约 5 人申请的水平。美国现在有 3 亿多名居民，这意味着很多痛苦：每年有 150 万人发现自己陷入财务困境，他们别无选择，只能通过寻求法律救济来保护家人和维持生计。坊间数据表明，许多人（如果不是绝大多数的话）在作出这一重大决定时都承受着巨大的痛苦，尽管学者和政策制定者仍在争论寻求破产救济时假设的“耻辱感”弱化问题。思考一下，你在多大程度上相信美国的申请率状况是因为“耻辱感”的弱化、向风险较高的借款人发放的消费信贷激增、日益加剧的医疗危机或者其他因素所导致的。思考一下，表3中关于其他国家破产申请率的信息可能对此问题有何启示。

表3　近几年的申请/立案比率 100

地区	人口/人 （2006年）	申请/立案 （每1000名居民）
美国	3亿	5.000
德国	8200万	1.521
英格兰及威尔士	5300万	2.024
法国	6100万	3.031
荷兰	1600万	0.885
比利时	1000万	0.850
瑞典	900万	0.464
奥地利	800万	0.789
卢森堡	47.4万	0.579

“罗马法系”国家的案件申请率参差不齐，我们必须在这些制度结构的背景下来考虑这一问题。从长期来看，法国的申请数量明显呈急剧上升趋势，尽管过去3年的申请量似乎已趋于稳定。

在20世纪90年代末，申请数量开始以每年10%～20%的速度飙升，然后在21世纪初略有回落。2003年和2004年，申请数量每年都比上一年度增长了14%，达到近19万件，这一数量一直持续到现在。这意味着法国每1000名居民中约有3人申请破产救济。即便每年约有10%～15%的申请被驳回，法国的立案率仍然在每1000名居民2.8起以上。比利时的趋势也反映出申请数量经历了急速增长然后在最近趋于稳定的过程。比利时的正式救济申请在21世纪初以每年约14%的速度稳步增长，2005年略有回落。然而，比利时的人口只有法国人口的1/6，在过去的几年里，平均每年的申请数量只有约8500件，这使比利时的申请率远远低于法国——每1000人中只有不到1人申请（0.850）。卢森堡在过去几
101 年中，平均每年大约受理275个消费者过度负债的申请，在2005年有小幅上升，达到了282个。正如上面讨论的，这些案件很少能够进入正式的债务救济程序，但是在初始阶段，每2000名居民中每年约有1起案件被立案（0.579：1000），大约是邻国比利时的一半。

回顾一下罗马法系国家的第一阶段，相当于是信贷咨询以及与债权人的半正式协商，几乎淘汰了近70%的申请者。这一初始的咨询/协商阶段并没有体现在美国和欧洲“日耳曼法系”国家的申请率中，因此，罗马法系国家的消费者困境程度略轻于这一申请率所显示的严重程度。尽管如此，仍旧有大量且数量逐步增

加的消费者面临如此严峻的财务困境，迫使他们寻求某种法律救济。

我们再来看日耳曼法系，荷兰的情况与法国和比利时非常相似。在经历了最初的一段停滞期后，荷兰被获准进入破产程序的债务人数量逐年上升，至 2004 年飙升近 33%，超过 14,000 人，然后趋于平稳。荷兰 2005 年确定受理的案件数量上升至 14,600 多例，2006 年略有上升，似乎与它的邻国比利时非常接近，略低于每 1000 名居民中有 1 人申请的水平（0.885）。

明显不那么慷慨的奥地利制度也吸引了相似比例的消费者，尽管受理的案件数量稳步上升，但在可预计的不远之将来，这一比例不会趋于稳定。奥地利的消费者破产申请数量在 2006 年超过了 7500 起（每 1000 名居民中约有 0.938 人申请），然而只有 6315 起案件的债务人获得救济，比每 1000 名居民中不到 1 人的比例高出约 3/4（0.789∶1000）——剩余案件因无法支付诉讼费用以及 10% 的最低清偿数额而被驳回。奥地利年度立案数量在 20 世纪初稳步上升，每年约上升 10% ~15%，但与 2005 年相比，2006 年上升约 18%。专家预测，奥地利消费者破产的案件数量每年上升 10% 左右。

德国消费者破产的申请数量相当多，并且增长迅速。在新消费者债务救济法实施的头几年，债务人因无力支付申请费及管理费用而导致申请数量并不高，但受即将到来的改革希望的刺激，

申请数量于2001年回升了26%。2001年12月，德国立法机关引
102 入了分期支付法院费用的程序，将“良好行为期”从7年降至6年，并且提高了豁免收入。2002年的消费者和小企业破产申请数量几乎是2001年的3倍。此后的每一年，“纯粹的”（与商业无关的）消费者申请破产的案件数量都在急剧上升。尽管年增长率从2003年的57%平稳下降，但在2006年仍保持着近35%的比例。在2006年，“纯粹的消费者”破产申请数量超过了90,000件，也就是说，在每1000名德国居民中就有1.5人提出了申请。

英格兰和威尔士近年来的申请率增长更为迅猛。2001～2002年，年度申请率仅增长了3%，但在2003年、2004年和2005年分别增长了16%、31%和45%。2006年的总申请数飙升了近59%（主要是由于个人债务自愿安排的数量翻了一番）。因此，英格兰和威尔士的申请率从2001年每1000名居民中仅0.6人申请上升至2006年每1000名居民中超过2人申请，增加了3倍多。

再次强调，德国的申请数量只包括债务人在破产前的强制性债务咨询以及自愿协商阶段无法与债权人达成非正式债务安排的案件。例如，法国的申请率超过了3∶1000，被个人过度负债委员会驳回的比例约为10%～15%，受理的案件中只有约35%的案件以强制还款安排或者非协商免责的方式终结。这更接近于德国获得强制债务救济的消费者比例即1.5∶1000。因此，尽管德国的申请率看上去与比利时接近，只是法国的一小部分，但德国的消费

者严重财务困境的比例可能要高于法国。同样地，尽管比利时、荷兰以及奥地利的申请率几乎一样（大约0.875∶1000），其中只有约1/3的申请案件以某种强制性的救济措施终结。再者，德国（以及程度较小的奥地利）制度中最引人注目的方面不是当前的申请数量，而是近几年来惊人的增长速度。

瑞典的情况则更加微妙。当瑞典通过消费者债务救济法案时，
立法者预计每年约有12,000件申请。10年后，申请数量远低于该
预测值，大多数申请因消费者债务人撤回或者被KFM驳回而未能
进入正式救济制度的大门。1997～2003年，申请数量相当稳定，
大约每年为3200～3500件，2004年和2005年略有上升，分别为
3678件和4178件。在总体增长30%后，基于对2007年1月的建 103
议制度改革的预期，2006年的年度申请数量稍有回落。瑞典的申
请率只有最初预期水平的1/3，略低于每2000名居民中有1名申
请者（0.46∶1000）的比率。政府观察人士推测，从官方债务催
收登记簿中不断记录的数十万人来看，肯定有成千上万人没有满
足债务救济所需要的条件。2007年的改革和简易破产程序是否会
导致申请和受理案件数量的实质增加，还有待观察。考虑到瑞典
消费者的高负债率，低迷的申请数量似乎更多是因为严格的“合
理性”测试和极高的驳回率，这一比率在改革之后可能基本保持
不变。尽管如此，瑞典2007年1月的申请数量是2006年1月的2
倍多，这或许预示着大量的申请案件即将涌入。如果保持这一趋

势，2007 年的申请率将会达到 1∶1000。

B. 债权人的间接责任：门后棍子

在或多或少的程度上，所有的这些制度都以将“强制批准”庭内司法计划（或免责）作为一种威慑，隐含着促使债权人更负责任地支持庭外协商制度的意图。如果债权人拒绝接受合理的妥协方案，这些提议（或者可能是更没有吸引力的提议）在大多数情况下都是由法院或破产事务管理者强加给债权人的。荷兰对此有一个令人回味的表述——“门后棍子”（*stok achter de deur*）效应。正如上文讨论的，这种效应似乎在罗马法系中起作用，但在日耳曼法系中就不那么好使了。特别是在荷兰，消费者破产法的出台似乎是削弱了而不是加强了私下协商过程。自荷兰 1998 年 12 月通过消费者破产法以来，庭外协商的成功率直线下降。与法国 10 年还款计划的制度相比，荷兰 3 年还款计划的制度似乎对债权人构成了更大的威胁，而且这两种制度一般都不会给债权人带来可观的清偿。看来，这不仅仅是在协商一致的程序和强制程序之间进行成本和收益的简单比较。

104 美国 2005 年 10 月进行的破产法改革引进了一项新条款，似乎旨在纳入类似“门后棍子”的条款以鼓励进行破产前的和解。仔细观察就会发现这条规定是“烟多火少”，但值得注意的是，这一概念已经进入了美国的法律。《2005 年防止破产滥用和消费者保护法案》（Bankruptcy Abuse Prevention and Consumer Protection Act，BAPCPA）中名为“促进替代性纠纷解决机制”一节中，在美国《破产法典》中加入了一个条款——如果债权人“不合理地拒绝对经核准的非营利预算和信贷咨询机构代表债务人提出的合理替代还款方案进行协商”，就允许法院削减债权人的债权金额。①

在一些欧洲国家的制度中，法律对债权人的责任规定了更加有力和追根究底的评估。非官方证据表明，这一评估鲜见实施，但这个有趣的概念至少值得在此作简要思考。在奥地利的一些特殊情况下，某些“不负责任”的债权人可能被拒绝获得该制度保证的最低 10% 的清偿。如果债务人在 7 年的“虹吸程序”结束时未能向债权人进行最低 10% 的清偿，则法院可以基于一些“公 105
平”的理由批准债务免责。法律规定的“应特别考虑的”理由之一是，一个或多个债权人在“知道或应当知道债务人将无法偿还到期债务”的情况下仍旧向债务人提供贷款。法律明确要求法院下令向其他债权人支付少量额外的还款，以弥补最低 10% 的清偿要求，同时对“知道或应当知道的”债权人给予较小数额的清偿。

法国对债权人责任的关注则更为强烈。1989 年的《内耶兹

① 11 U. S. C. §502（k）, added by Pub. L. No. 109 – 8，§201（a）.

法》（*Loi Neiertz*）不仅建立了消费者债务救济制度，而且建立了信用报告制度。与美国的信用报告制度相比，法国的制度仅报告负面的信用信息，如“违约”或者“不良还款记录”（payment incidents）。新法的明确目标之一是，强制债权人查阅高风险的债务人名单，并采取负责任的行动来限制这些债务人可获得消费信贷的类型和金额。在这些债务人走向破产的情况下，当个人过度负债委员会决定提出并最终强加给债权人的条款时，法律要求“委员会应考虑到每个债权人（在向债务人提供信贷时）可能了解的债务人的债务情况”。此外，法律还明确规定，委员会“也可以核实合同的订立是否符合专业实践标准所要求的严肃性”。那些没有考虑到——或者没有认真考虑——信用系统中负面信息的债权人，会受到较差还款条款隐含的威胁。因此，法国法律鼓励个人过度负债委员会制裁那些发放愚蠢的贷款或者是缺乏事实根据的贷款的出贷人，主要是那些向已经过度扩张的债务人提供信贷的机构。同样，这些条款可能很少被援引，但至少法国的立法者承认，有些贷款机构对于消费者的过度负债负有特定的责任，理应公平地承担责任。

人们可以很容易地想象，许多美国债权人的放贷行为很可能被归为“不负责任的”情形。很多现代债权人发放信贷的方式似乎没有表现出理应具有的“专业实践标准所要求的严肃性”。这个名单肯定会从发薪日贷款*机构和其他高成本次级信贷商开始，这些机构向那些信用记录让主流贷款机构无法接受的人放贷。② 在过去的20年里，发薪日贷款机构、典当行、先租后买商店、汽 106
车所有权贷款机构和房屋净值掠夺性贷款机构获得了巨大的并且在过去20年不断增长的利润。让他们为其“不良贷款”给消费者带来的不可避免的痛苦负责，难道没有意义吗？任何看有线电视的人都太熟悉这种时尚口号：“不良信用？没有信用？破产？没问题！”这些推销用语看似能反映“专业实践标准所要求的严肃性”吗？就像法国法律所建议的那样，在还款计划中给予这类债权人较差的待遇，难道不是完全公平的吗？

即使是在与更加主流的贷款机构交易的时候，允许破产制度对这些贷款机构选择经营方式的实际成本进行核算，难道是不合理的吗？想想那些向已经透支了数张信用卡额度的消费者发放信用卡的银行，没有核实就业或收入报告就发放信用卡的银行，或者向少有或没有还款能力的大学生发放多张信用卡的银行。这些

---

* 发薪日贷款，曾于20世纪90年代在北美大规模兴起。其是一种无须抵押的小额短期贷款，以个人信用作担保，依赖的信用依据是借款人的工作及薪资记录。由于借款人承诺在下一发薪日偿还贷款并支付一定的利息及费用，故称“发薪日贷款”（payday loan）或者“发薪日预支贷款”（payday advance）。详情可见 https：//www. investopedia. com/terms/p/payday-loans. asp。——译者注

② 对美国信贷市场这一日益增长的部分的发展进行的精彩讨论，参见 Christopher L. Peterson, Taming the Sharks：Towards a Cure for the High-Cost Credit Market（2004）；Robert D. Manning, Credit Card Nation：The Consequences of American's Addiction to Credit（2000）。

银行依靠信用评分来避免检查信用报告和其他财务信息的成本和迟延。再者，这些银行通过向更有还款能力的债务人收取高额的利息和费用（尤其是在违约之后）来分散这种贷款方式带来的风险，使这些债务人最终支付的金额是原始贷款本金的很多倍。法国的做法似乎是鼓励在消费者不可避免地陷入无法偿付时，重新评估其信贷的真实成本。思考一下，这种做法在美国是否有意义，为什么有或者为什么没有？

C. 债权人的直接责任：对消费者违约课征恢复与教育基金

比利时法律采取了一种独特而积极直接的方式，鼓励负责任的信贷实践，同时减少为消费者破产制度提供资金的公共负担。
107 破产制度通过让债务人至少摆脱部分债务负担，对获得救济的债务人的债权人征收了一种“破产税”（bankruptcy tax）。比利时的制度将这一税收负担的一部分重新分配给所有发放高风险贷款的债权人，尽管并非所有这些贷款的借款人都利用了债务救济制度。

在比利时立法者开始考虑向消费者提供某种形式的债务救济后不久，他们也开始考虑如何更有效地资助这一制度。特别是这一制度中的债务调解员不会无偿工作。在一般情况下，债务调解员的费用由债务人支付，并且优先于还款计划中的所有债权。实际上，就像美国《破产法典》第13章规定的还款计划一样，每一个债务人的债权人将以降低自身受偿率的方式来承担债务调解员的费用。然而，比利时的立法者预测，很多债务人可能没有足够的可支配收入覆盖这一制度运行的管理成本（回想一下，德国大约80%的债务人就是这样的情况）。他们不希望这一制度将债务人拒之门外（就像德国制度实施后的头几年一样），但也不希望强迫国家来承担这些成本。

因此，比利时立法者提议设立一个将这些成本更广泛地重新分配给债权人的基金。在债务人无法全额支付债务调解员的费用时，立法者最初提议通过对所有消费信贷机构进行小额课征来建立一个基金，以覆盖这些费用。立法者认为，在这个利润丰厚、规模巨大、增长迅速的消费者信贷市场的参与者之间广泛地分配这些成本，对于缓解这一市场造成的痛苦来说，只是一个很小的代价。事实上，将高风险贷款的成本重新分配给所有的消费贷款机构，将迫使市场理性地负担这类业务的真实成本。

虽然法院的质疑促使立法者重新思考这种消费贷款评估的范围，但是其基本理念经受住了早期的批评。在比利时新法生效后的1个月内，一些职业消费放贷机构抱怨，从消费者案件所有类型的债权人中挑出放贷机构来评估，违反了比利时宪法的平等原则。2002年2月，比利时宪法法院驳回了这一质疑，认为宪法允许立法机关对潜在的消费者债权人作出理性、客观的区分。这一决定作出后不久，立法机构决定，与其将评估范围扩大到更多类 108

型的债权人，不如将负担集中在与消费者债务救济制度有更直接联系的——实际上是负有更直接责任的——债权人身上，这将更加公平合理。现在，向该基金缴纳的“税”仅对消费贷款组合中每年年底出现违约的那部分进行评估收取。

立法者的明确目标是，通过加重贷款机构缺乏约束的冒险行为的后果，并将处理此类贷款所生问题的部分成本转嫁给他们，以此让过于激进或者过于宽松的贷款机构负相应的责任。另外，将税基集中于有违约贷款的贷款机构，旨在奖励和鼓励那些更仔细地分析消费借款人的偿付能力并降低其贷款组合违约率的贷款机构。由于适用范围缩小，评估值会大幅增加。一项皇家命令已经确定了法律允许的最高实际税率，即年末所有房屋抵押贷款违约金额的0.02%，以及所有消费者贷款违约金额的0.2%。

随着这一基金的牢固确立，比利时议员们接下来采取了更加大胆的一步。除了支付正式破产程序中的债务调解员费用外，基金管理机构现在还被允许资助关于新的消费者债务救济法的公众宣传活动，以及“更概括的……关于过度负债的信息和敏感化措施（overindebtedness information and sensitization）”。2004 年6 月，阿尔伯特国王的政府发布了一项皇家敕令，授权使用基金25%的资金来资助“过度负债的信息和敏感化措施”运动，并授权基金管理机构选择具体的资助项目。比利时立法机构和政府非但没有像美国国会2005 年10 月那样劝阻消费者寻求债务救济，反而利用一个由债权人资助的基金来宣传这种救济。在欧洲，至少有一个国家终于将“好钢”（实际上是贷款机构的钱）用在了“刀刃”上，试图通过宣传教育来解决过度负债的问题，而不是满足于债务救济法律所提供的对过度负债本身的有限治疗。

109 问题讨论

1. 在你看来，各个地方的破产申请数量都在上升的原因是什么？是这些地方的财务失败“耻辱”已经消退了吗？为什么尤其是在德国和英国更加如此？与其他国家相比而言，是这些国家的消费者更加挥霍无度或更加不负责任吗？关于瑞典，你认为他们的申请率相对较低的原因是什么？你预测改革后的申请率会上升吗？为什么？

2. 你认为为什么很少有国家的破产制度在债务救济的还款计划中考虑债权人的“过错”或“不负责任”？法律历史、传统、经济、社会政策或者结构单一的权力政治与此有何关系？这在美国是个好的理念吗？为什么？

3. 你认为，在美国为什么没有用债权人资助的基金来支付一个在很大程度上是为便捷信贷所需制度的部分成本？这样描述问题是否不公平？抛却政治上的困难不说，你对在美国施行这种做法有什么看法？

索　引

Abschöpfungsverfahren 虹吸程序，83－84

Accord 协议，82

amount to be left free 剩余费用金额，86

Anglo-American 英美的，xii，10－11，88

asset insufficiency 资产不足，68

Austauschpfändung 替代扣押，78

Australia 澳大利亚，xi，xii，3

Austria 奥地利，11，17，41，81－84，88，101

Bankruptcy Code 破产法典，13，16，54，60，104

Bankruptcy Court 破产法院，54，68

Banque de France 法兰西银行，27－28，31－35

Belgian 比利时的，8，10，14，38，71－72，75－76，102，106－108

Belgium 比利时，5，8－12，14，16，20，34，37－41，49，70－73，75－76，96，100－102

black market 黑市，10

Brazil 巴西，5

budget-och skuldrådgivning 预算和债务咨询服务，45

Buffer 缓冲资金，46，93－94

Buffert 缓冲器，93

Canada 加拿大，xi，xii

can-pay 可支付，55

capital-discharge plan 主要债务免责计划，70－72，75

Central and Eastern Europe 中东欧，xi，4－5

certificate 证明，23，40，57

Chandler Act 《钱德勒法》, 53
Chapter 7 美国《破产法典》第7章, 54-55, 57-59, 61-62, 67-68
Chapter 13 美国《破产法典》第13章, 54-57, 59, 61, 107
Civil Law 民法法系/大陆法系, xi-xii, 3, 6, 16, 26, 88
Citibank 花旗银行, 7
Code de la consommation 消费者法典, 14
Code of Conduct for Debt Arrangement 债务安排行为准则, 42
Code Judiciaire 司法程序法典, 14
collectieve schuldregeling 集体债务安排, 15
commission de surendettement 个人过度负债委员会, 27, 63, 90
Common Law 普通法/英美法, xi-xii, 3, 6, 16, 88
conciliation 调解, 9, 29, 73
Consumer Code 消费者法典, 14, 16, 27
Consumer Service, 消费者服务局, 46
consumerism, 消费主义, 53
cost-benefit analysis 成本—效益分析, 10
counseling 咨询, 20-27, 29, 33-36, 38-48, 50, 56-57, 77, 85, 88, 96, 101-102, 104
counselor 咨询顾问, 21-25, 27, 29, 33-35, 40-41, 43-47, 85-86
credit counseling 信贷咨询, 20-23, 25-27, 29, 33, 35, 38-39, 42-44, 48, 56-57, 77, 85, 101, 104
creditor welfare 债权人福利, 72-74
current monthly income 当前月收入, 57
debt burden 债务负担, 8, 43, 47, 91
debt counseling 债务咨询, 45, 47-48, 95
debt counselor 债务咨询顾问, 40-41, 44

debt management plan 债务管理计划，22
debt-mediator 债务调解员，107
default 违约，8，105
democratization of credit 信贷民主化，7，53
Denmark 丹麦，12，17
deregulation 放松管制/去监管化，6－7
déresponsabilisation 去责任化，10
discharge 免责，9－12，14，21，25，53－55，57，62，64－75，79－80，83－85，89，94－95，102－104
disposable income 可支配收入，8，56－59，61，95，107
distressed lending 不良贷款，106
DMP 债务管理计划，22，25
Dutch 荷兰的，12，14，17，20，38，42－44，82，84－87，90，93，101，103
economic 经济的，5－7，9－10，12，25－26，29，45，49，52－53，56，68，80，91，93，96
economics 经济学，10，26，66，109
economy 经济，10，13，16，63，80
education 教育，25，60，106，108
egenförsöket 自行尝试，45
England 英格兰，xii，12，88，100，102，109
Enterprise Act 英国《2002 年企业法》，88－89
exemptions 豁免，19，31－32，46，53，68，75－76，78，80－81，85－86，93－94
extraordinary 特别的，13，40，58，60，64－72，80，93
extraordinary measures 特别救济措施，65－66
extraordinary recommendation 特别建议，66－67，69
Faillissementswet 破产法，14
fair share 公平分配，22－23
Fichier national des incidents de remboursement des crédits aux particuliers 法国个人信贷还款

不良记录系统，27
FICP 法国个人信贷还款不良记录系统，27
filing rate 申请率，99 – 102
finance companies 金融公司，7，42
Finland 芬兰，11
Foreclosure 止赎权，8
France 法国，xi，5，7 – 9，11 – 12，14，16，20，26 – 37，39，49，63，67，71 – 73，75 – 77，85，89，96，100 – 102，105
French 法国的，5，7，10，12，14，26 – 36，38，49，63 – 71，74 – 75，80，85，90，93，97，103，105 – 106
fresh start 全新开始，53，55，69
Fund for Recovery in Matters of Overindebtedness 过度负债恢复基金，73
förbehållsbeloppet 收入豁免，93
gate-keeping 看门人，29
GDP 国内生产总值，5
Gedragscode Schuldregeling 债务安排行为准则，42
gemeentelijke kredietbanken 市政信贷银行，42
Gerechtelijk Wetboek 司法程序法典，14
Germanic 日耳曼，6，11 – 12，20，26，33，39，41，49，51，77，101 – 103
Germany 德国，xi，5，7 – 13，16，20，24，39 – 44，46，49，77 – 79，81 – 87，97，100 – 102，109
get-out-of-jail-free 摆脱困境，11，69
GKB 市政信贷银行，42 – 44
good behavior period 良好行为期，78 – 79
good faith 善意/诚信，12，29，34，61，64，69，84，90
Greece 希腊，6，16
GÆldssaneringslov 债务救济法，14
home mortgage 住房抵押，8，22，30，64
household debt 家庭债务，5
housing 住宅/房屋，8，58，60，

71, 73, 87, 93
human dignity 人的尊严, 37 - 38, 71, 75
hurdle rate 可接受的最低清偿率, 88
incentive 激励, 10, 27, 44, 86
income payment agreement 收入支付协议, 89
Individual Voluntary Arrangement 个人自愿安排, 88
information breakdown 信息碎裂, 24
inheritance 继承, 72, 79
Insolvency Act 英国破产法, 13, 40, 80, 88
Insolvency Practitioner 破产从业者, 88
Insolvency Service 破产服务局, xiii
insolvent 无力偿债（者）/破产（者）, 4, 10, 37, 66, 69
Insolvenzordnung 德国破产法, 13
interest rate 利率, 6 - 7, 22, 64 - 65, 70
Internal Revenue Service 美国联邦税务局, 58 - 61, 86, 94
internet 互联网, 5, 23 - 24, 40
IP 破产从业者, 88
irremediably compromised 难以挽救, 67
IRS 美国联邦税务局, 59
IVA 个人自愿安排, 88 - 89
Japan 日本, xi, 5
KFM 瑞典破产制度执行机构, 90
Konkurslagen 瑞典破产法, 14
Konkurslov 丹麦破产法, 14
Konkursordnung 奥地利破产法, 13
Konsumentverket 瑞典消费者服务局, 46
Kronofogdemyndigheten 瑞典破产制度执行机构, 89
lawyer 法律人/律师, 4, 29, 38, 40, 57
Loi Neiertz 法国消费者事务法（内尔茨法）, 27, 105
Luxembourg 卢森堡公国, 5, 8 - 9, 11 - 12, 14, 16, 20,

33 – 39, 45, 49, 70, 72 – 75, 89, 96 – 97, 100
marginalize 边缘化, 10, 69
Marquette 马凯特案件, 6
means test 经济状况审查, 55, 57 – 58
median family income 家庭收入中位数, 57
médiateur de dettes 债务调解员, 37
Mediation Commission 调解委员会, 37, 73
Mississippi 密西西比州, 58, 60
moral hazard 道德风险, 9
morality 道德, 10, 47
moratorium 延期还款, 65 – 66, 69
mortgage 抵押贷款, 8, 22, 30, 60, 64, 71, 73, 87, 93, 108
motivation rebates 返还激励, 79
municipal credit bank 市政信贷银行, 42
National Service for the Fight Against Overindebtedness 抗击过度负债的国民服务, 34
Neiertz 内尔茨, 27, 105
Netherlands 荷兰, xii, 5, 11 – 14, 21, 24, 39, 42, 46 – 47, 49, 77, 82, 84 – 87, 92, 100 – 103
New York 纽约, 58, 60 – 61
Norway 挪威, 11, 14
nullförslag 零清偿, 94
October 2005 2005 年 10 月（破产法改革）, 23, 56
Oil Crisis 石油危机, 7
Official Receiver 官方接管人, 89
once-in-a-lifetime 一生一次, 13, 90
OR 官方接管人, 89
ordinary measures 普通救济措施, 64 – 65, 73
ordinary recommendation 普通建议, 69
overindebtedness 过度负债, 10, 29, 63
own attempt 自我尝试, 45
pacta sunt servanda 有约必守, 10

payday lenders 发薪日贷款机构，105
personal recovery 个人恢复，63，67－70，74，97
Poland 波兰，5
Population 人口数量，5－6，8，100
Privatkonkurs 私人破产，13
privilege 特权，13，28，80，90
procedure of personal recovery 个人恢复程序，67－68，74
procédure de rétablissement personnel 个人恢复程序，67
productivity 生产力，6，10
qualified insolvency， 适格破产，91
reasonableness factors 合理因素，92
reasonably necessary 合理需要，61
recidivism 再犯，65，85
Recofa 荷兰全国破产法官工作组，86－87
recommendation 建议，28，64，66－67，69，74
règlement collectif 集体债务安排，15
reste-à-vivre 剩余生活费用，31－32
Restschuldbefreiung 剩余债务，79
reunification 重新统一，7
RMI 福利救济，32
Romanistic 罗马法的，6，11－12，20，26，39，41，49，51，62，70，101，103
Scandinavia 斯堪的纳维亚，xii，12－13，16，68
schuldbemiddelaar 债务调解员，37
Schuldnerberatungsstelle 债务咨询中心，40
secured 有担保的，4，22，54，59－60，81
SFS （瑞典成文法的）官方汇编，14
shadow economy 影子经济，10
simplified insolvency proceedings 简易破产程序，78
Skatteverket 税务局，90
skuldrådgivning 债务咨询服

务，45
Skuldsaneringslagen　债务重组法，14
SMIC　各行业平均最低工资，32
social assistance minimum　社会最低救助，43，86
socialist　社会主义者，9
social worker　社会工作者，28，31
stick behind the door　门后棍子，103 – 104
stok achter de deur　门后棍子，103
South America　南美洲，xi
South Korea　韩国，xi
Step One　第一阶段，44 – 47
Step Two　第二阶段，45
stigma　耻辱感，21，53，56，58，70，97，99 – 100，109
sub-prime credit　次级信贷，105
substantial abuse　实质滥用，55 – 56
surendettement　过度负债，5，14，63，90
Svensk författningssamling　瑞典成文法，14
Sweden　瑞典，xii，5，8，10 – 11，14，21，24，39，44 – 46，48 – 50，77，89 – 90，94 – 96，100，102 – 103，109
Swedish　瑞典的，12，14，44 – 48，89 – 90，92 – 94
tax　税收，10，59，90，93 – 94，96，107 – 108
Tax Service　税务局，90，93 – 94
teachable moment　施教时机，25
transportation　交通方式，58，60，87
trustee　管理人/受托人，58 – 59，87
underground　地下，10
unemployment　失业，5，30，32，90
United States Trustee　美国破产管理署，23，58
universal　普遍的，3 – 4，7
U. S. Trustee　美国破产管理署，54，58
Verbraucherinsolvenz　消费者破产，78

vrij te laten bedrag 剩余费用金额，86
vtlb 剩余费用金额，86
Wales 威尔士，xii，88，100，102
welfare 福利，9，13，16，33，43，72 – 74，84，86，88，96
Wet schuldsanering natuurlijke personen 自然人债务更生法，14
Wohlverhaltensperiode 良好行为期，78
Wsnp 自然人债务更生法，14
Zahlungsplan 还款计划，82，88
zero proposal 零清偿建议，94
Zwangsausgleich 强制协议，81 – 82

附录1：透视美国和欧洲大陆的债务调整、免责与豁免：更广泛的目标与路径*

2000多年以来，无论是制定人类历史上首部个人破产法的罗马，还是英国和美国，都曾将破产法作为所有债权人针对债务人财产主张债权和进行公平分配的简单工具。1841年，美国朝着新的方向迈出了第一步，制定了国家第一部与众不同和具有附加目的的个人破产法：以自由的债务免责方式减轻债务人过重的负担，赋予债务人“全新开始”的机会，使其有机会恢复生产积极性，重振国家经济。立法者开始不再将财务困境看作个人和道德上的

---

* 本文为杰森·吉伯恩（Jason J. Kilborn）教授2018年6月15日在北京举办的“个人破产立法与营商环境”国际学术研讨会上提交的会议论文。该文在会后由中国政法大学林周汪和胡利玲合作翻译，收入徐阳光、张婷主编的《破产法茶座》（第3卷）。适逢翻译出版杰森·吉伯恩的个人破产法专著，经与作者本人商议，决定由徐阳光、李丽丽重译此文，并收入本书。特此说明，并感谢林周汪、胡利玲二位前期对翻译所作的贡献。

失败而予以惩罚，而将其视为现代经济波动和发展中不可避免的、自然而然的健康风险。破产主要成为一种保险和救济形式，而不是一种催收工具或惩罚，为“诚实而不幸”的债务人的未来生产力给予一个“新开始”，为更广泛的经济和社会福祉而努力。破产主要成为一种保险和救济的形式，而不是一种催收工具或惩罚，通过赋予“全新开始”的机会，重新激发“诚实而不幸”的债务人的未来生产力，产生更广泛的社会和经济利益。一边是使债务人再次振作起来以造福社会的现代目标，另一边是满足债权人清偿要求的传统目标，美国和欧洲的立法者近年来一直在这两个目标之间努力维持平衡，特别是在欧洲，收入豁免和免责救济越来越普遍地发展，程序准入也更为容易。

Ⅰ. 美国模式：获得“清算—免责”的全新开始及其替代方案

美国的个人破产法为债务人提供了两种主要的选择：一是就非豁免资产进行清算后的即时免责（《破产法典》第7章），二是5年期的债务调整还款计划（《破产法典》第13章）。① 约70%的债务人选择了清算免责的路径，选择债务调整还款计划的债务人，

① 该部分内容为杰森·吉伯恩教授一文的摘录和扩充。See Jason J. Kilborn, *United States of America*, in Consumer Debt Report Ⅱ 301 - 17 (Jan C. van Apeldoorn, ed., London: INSOL International, 2nd ed. 2011).

约有70%未能完成还款计划项下的清偿义务。在美国，破产并非一种单纯的债权追索工具，因为无论是在法律上还是实践中，都未能鼓励债权人对个人债务人提起破产申请。债权人仅可依第7章“清算与免责”提出申请，而不能要求按照第13章还款计划的规定向债务人主张债权，而且大多数债务人只有很少甚至没有资产可供债权人分配（见下文），个人破产对债权人几乎没有任何好处。因此，在美国，几乎所有的个人破产案件都是由债务人自愿寻求免责救济提起的。

A. 救济准入：申请要求及费用

要启动破产清算案件，债务人首先只需提出救济申请，就可以立即自动阻止债权人采取任何针对债务人或债务人财产的行动来实现其债权（“自动中止”）。债务人无须证明他/她存在“无力清偿债务”或“过度负债”，或满足任何其他的适格标准。许多研究表明，有偿债能力的债务人很少会“滥用”破产救济，因为仅是申请和清算过程中的耻辱和负担就阻止了这种滥用。对于《破产法典》第13章的案件来说，债务人还需要提交一份拟订的还款计划并且拥有“固定收入”，债务金额要低于一定的标准（无担保债务须低于约40万美元，有担保债务须低于约120万美元，这些标准按照通胀指数每3年调整一次）。

所有程序都受专门的破产法院监督，但主要由管理人负责审查债务人和评估债务人财产，法院往往只担任管理人的辅助人角色。《破产法典》第7章案件的管理人由联邦政府成立的“美国破产管理署”（US Trustee）指定，从具备资质的管理人名单中选出当地律师或会计师来处理个案，第13章案件则由各地区长期任命的“常设管理人”（standing trustee）进行管理。

准备破产申请的费用使一些债务人无法寻求有效救济。300美元的申请费并不是什么大问题，因为可以在6个月内分4期缴纳，而且贫穷的债务人也可以申请费用的免除。但复杂的文书工作通常需要律师的协助，而关于此类案件的律师收费标准，第7章清算免责案件一般至少为2500美元，第13章的还款计划案件至少为5000美元。在很多情况下，债务人努力筹措资金，并非要在几个月内向债权人清偿，而是需要将该笔费用在提出破产申请之前全部用于聘请律师，因为破产案件中能够免除未能向债权人清偿之债务。在第13章的案件中，律师准备还款计划的费用要高得多，这些费用可以而且经常是随着时间推移通过还款计划进行支付，即将债务人可支配收入的一部分从分配给其他债权人的份额中转移出来给律师。因此，美国的消费者破产制度在很大程度上是由债权人间接地给予有效资助。

B. 首要救济：清算—免责与豁免财产

第7章程序一经申请对债务人即意味着全新开始，因为债务人在申请后取得的所有财产权利都属于债务人，特别是未来收入亦无须跟债权人分享或用于债权分配。至于申请前取得的财产和财产权利，只有特定财产不受债权人追索而保留给债务人。在州立法和联邦立法的妥协中，每个州都允许自行规定居民的豁免财产标准。因此，豁免财产的范围亦因州而异。有些州，如得克萨斯州，财产豁免比较慷慨（动产的豁免范围高达6万美元，而作为债务人居所之不动产属于“家宅”豁免，没有限额），而其他州，如特拉华州，豁免财产标准很低，仅包括家庭圣经、衣服，或者还有价值较低的债务人职业工具。大多数州的法定财产豁免范围都处于这两个极端之间。平均来说，豁免财产一般包括：（1）作为债务人居所的净值在15,000～20,000美元的家宅；（2）价值限额为2000～5000美元的债务人职业工具；（3）衣服和其他价值较低的物品；（4）价值不超过5000～10,000美元的汽车、家具或其他物品。根据州和联邦法律，退休储蓄和其他养老金计划完全豁免，在价值上没有限制。

由于这些财产豁免以及大多数债务人的资产状况不佳，美国97%以上的个人破产案件是“无资产”案件，即没有可供债权人分配的资产，债权人几无所得。在这种案件中，债权人不提出追索主张，管理人不用管理任何债务人资产并快速终结案件，债务人能够在4个月内获得自动免责，除非管理人或者债权人能够证明债务人涉嫌某种形式的欺诈，当然这是极其罕见的。

C. 获得全新开始的替代方案：主要适用于住房抵押贷款的还款计划

相比之下，适用第13章的案件里，债务人可以提交一份清偿一定比例债务的还款计划，债务人遵守该计划即可获得全新开始。债务人可以保留非豁免资产，但该计划中提出的还款金额必须至少等于债权人在债务人非豁免财产被立即清算并分配给债权人时将得到的价值。对此，最主要的要求是债务人必须将还款计划项下未来3～5年的"可支配收入"全部清偿给债权人（实践中，第13章的计划几乎总会超过5年）。在计算"可支配收入"时，在还款计划执行期间，债务人可以从预期收入中扣除"合理"的生活费用。

对于低于平均收入水平的债务人，合理的支出标准由破产法院酌情决定。美国破产法院在接受债务人提出的生活费用申请方面通常相当慷慨，允许债务人继续参与他们的个人退休计划，并承担因此导致的各种其他相应的费用。为了避免慷慨过度，国会在2005年通过了一项改革（《防止破产滥用和消费者保护法》，Bankruptcy Abuse Prevention and Consumer Protection Act，BAPCPA），其中最突出的内容就是所谓的"经济状况审查"（means test），下文将予以讨论。这一改革对收入高于平均水平的债务人的费用扣除进行了限制。对这些债务人来说，合理生活开支的计算，根据经济状况审查第二阶段的标准予以界定

（见下文）。

如果符合了这些法律的要求，则无须债权人进行表决，法院即可批准该计划并强制适用于债权人。事实上，许多还款计划能够向无担保债权人提供的清偿很少或根本没有。许多（也许是大多数）第 13 章的计划只承诺向有担保的债权人支付款项，而且仅仅是为了防止抵押贷款银行取消债务人的房屋赎回权。有的计划确实承诺向无担保债权人清偿，但是在几乎所有的案件中，第 13 章还款计划的全面履行率都很低。只有大约 1/3 的计划得以成功履行，而在剩余案件中，债务人未能获得免责。然而，即使该计划没有完成，一些债务人也能够在债权人暂时停止执行期间恢复财务健康。

D. 滥用的界定："经济状况审查"及其失败

2005 年实施的"经济状况审查"的目的，是识别出拥有过多可支配收入但"滥用"破产清算程序的债务人。此类债务人不得依据第 7 章"清算—免责"申请即时免责救济；相反，他们必须通过第 13 章的计划来获得救济。经济状况审查分两个步骤来分析每个债务人的财务状况，如果债务人未能通过这两个步骤的审查，就无法适用第 7 章的救济程序，除非存在"特殊情况"的例外。

经济状况审查的第一步是将债务人的"当前月收入"与债务人所在州的同等规模家庭的收入中位数进行比较。收入高于中位数的债务人必须进入第二步，以评估其生活费用。然而，这很罕见，因为在所有根据第7章申请破产清算的债务人中，约有90%的债务人家庭收入低于中位数，因此他们当然可以自由选择第7章的“清算—免责”。

对于高于收入中位数的债务人，经济状况审查的第二步是从债务人的“当前月收入”中减去一定标准的生活费用津贴（由美国联邦税务局制定），以判断是否还有大量的“可支配收入”可供债权人分配。在扣除国家标准的每月食品、服装和一般家庭开支的津贴，地方标准之内的住房和交通津贴，以及未来5年内应付有担保和优先债权人的款项后，如果剩余款项超过每月约200美元，或者5年期付款计划内超过12,000美元，则推定为滥用。

在实施经济状况审查至今约12年里，只有不到1%的债务人被发现有“滥用”行为，未能通过这两个阶段的审查。即使是对这些债务人，美国联邦破产管理署也根据“特殊情况”，行使其酌情权，拒绝对这些推定滥用的案件中约半数的救济提出质疑。BAPCPA在这方面的改革是一个巨大的失败。事实上，至少有一位权威评论员认为，BAPCPA即使不是美国住房危机以及随后的全球衰退的直接导火索，也至少对危机起到了推波助澜的作用。② 在适用第7章的申请中，尽管只有约1%的申请被发现是“滥用”

② See Donald P. Morgan, Benjamin Iverson & Matthew Botsch, *Seismic Effects of the Bankruptcy Reform* (Federal Reserve Bank of New York Staff Report, Feb. 2009), online at www.ny.frb.org/research/staff_reports/sr358.pdf.

的，但每年近100万件的申请中，每一件都须详细说明经济状况审查如何具体适用于每个债务人，管理人必须审查每一件第7章案件及申请文件，解释债务人“通过”或“未能通过”经济状况审查。这增加了债务人、律师和管理人的费用，他们面临着这种毫无意义、毫无创造性的文本负担，对债权人或制度完整性均无裨益。

E. 免责及其例外和撤销

有些债权被排除在免责范围之外，两种程序规定的不予免责的债务清单略有不同。在第7章程序中，下列典型债务不予免责：（1）3年以内的所得税以及1年内的财产税；（2）以欺诈、侵占、盗窃等方式取得的财产价值；（3）因离婚、别居诉讼而产生的家庭扶养义务（子女抚养费、赡养费）和财产分割义务；（4）“故意和恶意侵犯”第三人的人身或财产（故意伤害、故意损坏、诽谤、侵犯部分知识产权）；（5）政府罚款和罚金；（6）学生贷款（除非债务人存在特殊的“极度困难”情形）；（7）吸毒、酗酒驾驶机动车造成人身伤亡的赔偿债务；（8）联邦法律刑事判决的赔偿令。在第13章还款计划执行中，不予免责的债务范围略小些：“故意和恶意”伤害形成的债务不可依据第13章的规定免责，欠缴的行政罚款和刑事赔偿命令也不可免责。有担保的债务基本上是不能被免除的，因为担保债权人至少可以抵押品价值获得清偿。房屋抵押贷款必须全额支付，即使房屋的价值低于房屋贷款所欠的金额。

一旦予以免责，债权人或管理人可通过特别的异议程序申请撤销免责，但只能在免责令作出后1年内提出申请。第7章的救济也可因债务人未能对法院命令或管理人提供信息的要求作出适当回应而被撤销。当然，免责的撤销是极其罕见的。

Ⅱ. 演进中的欧洲模式：获得启动免责，渐进宽松的免责准入

欧洲国家直到20世纪后期才开始采用个人破产救济制度，他们拒绝了美国允许债务人选择立即全新开始的做法。他们担心这会破坏还款道德，会鼓励债务人滥用破产制度而逃避责任。因此，欧洲的做法通常是要求所有的债务人与债权人分享其未来收入（如果有的话）的一部分，以便获得免责和全新开始。然而，即使在欧洲，个人破产救济的目标仍然不是侧重于使债权人满意，而是减少债权人对破产债务人努力进行催收所浪费的成本，使过度负债的债务人及其家庭恢复活力，重新参与社会、经济和投资活动，从而有利于和谐高效的社会。③

最初，欧洲各国非常担心债务人滥用新的个人破产免责制度谋取不当利益，因此对免责救济施以非常严格的限制和要求。然

③ 关于立法者追求个人破产法的利益的相关讨论，参见World Bank, Insolvency and Debtor/Creditor Regimes Task-Force, *Report on the Treatment of the Insolvency of Natural Persons*, pp. 56－111（2013）。

而，随着时间的推移，欧洲的实践已经与美国路径更加接近：自由度更高、还款要求更少、准入更加宽松。欧洲立法者针对两个关键控制点修订这些法律：（1）哪些债务人可以获得免责，（2）债务人为获得免责须对债权人做何种程度的清偿。第二个问题实质上是未来收入的财产豁免问题，也就是说，债务人未来的收入中有多少可以免于债权人的追索，可以保留下来用于支持债务人及其家庭，只有“超出限额”的收入才可以分配给债权人。过去30年间的显著趋势是，还款期限的要求越来越短（平均为3年）、条件越来越少、豁免财产预算数额越来越标准化，这一趋势最近更加凸显。随着时间及实践的推进,④ 对破产制度的滥用的恐惧、对自由裁量权或法定机制导致债务免责途径更加狭窄和繁重的担忧，似乎正在减少。本文讨论最近一些比较典型、值得关注的例子。⑤

---

④ 这一部分摘录于杰森·吉伯恩的论文。See Jason J. Kilborn, *The Rise and Fall of Fear of Abuse in Consumer Bankruptcy: Most Recent Comparative Evidence from Europe and Beyond*, 97 Texas Law Review 1327,(2018).

⑤ 对于这些发展的进一步的讨论，参见 Jason J. Kilborn, *Expert Recommendations and the Evolution of European Best Practices for the Treatment of Overindebtedness*, 1984 – 2010 (Deventer: Kluwer, 2011), online at http://ssrn.com/abstract=1663108; Jason J. Kilborn, *Still Chasing Chimeras But Finally Slaying Some Dragons in the Quest for Consumer Bankruptcy Reform*, 25 Loyola Consumer L. Rev. 1 (2012), online at http://ssrn.com/abstract=1701212; Jason J. Kilborn, *Two Decades, Three Key Questions, and Evolving Answers in European Consumer Insolvency Law: Responsibility, Discretion, and Sacrifice*, in Consumer Credit, Debt and Bankruptcy: Comparative and International Perspectives 307 – 29 (Johanna Niemi, Iain Ramsay & William Whitford eds., Hart Publishing 2009), online at http://ssrn.com/abstract=1080252。

A. 丹麦：1984～2005年

丹麦于1984年通过了欧洲第一部消费者债务调整法。⑥ 作为先驱者的丹麦立法者对破坏个人还款道德明确表示犹豫，因此，他们在免责救济程序的适用准入和退出节点方面均施加了严格的限制。

为了获准进入免责程序，债务人必须跨过两个门槛：第一，他们必须证明是“适格破产人”，这意味着在可预见的未来，他们明显且毫无疑问地无法恢复财务稳定。第二，每个法院在具体案件中决定提供救济，必须确信根据列举的因素判断都具有主观上的合理性，具体包括债务人管理债务问题的努力情况、负债的构成（最好是罚款、罚金和“不负责任的”债务、奢侈消费债务相对较少的债务结构）等因素。

对于少数幸运地通过上述两个门槛的债务人，丹麦法律赋予法院自由裁量权，决定债务人获得免责的还款计划条款，包括以年为单位的还款期限，以及保留给债务人用于家庭支持的预算金额。丹麦法院就标准的5年期限能够很快达成一致，但法院之间在评估裁量“适度”生活方式的适当预算方面存在很大分歧。一些法院支持在基本支出以外的预算项目（如眼科和牙科保健、家

---

⑥ See Jason J. Kilborn, *Twenty-Five Years of Consumer Bankruptcy in Continental Europe*: *Internalizing Negative Externalities and Humanizing Justice in Denmark*, 18 International Insolvency Review 155 (2009).

用电器租赁等)，而另一些法院则不允许这些预算保留。即使是在基本预算费用数额方面，也有很大的差异，在其他类似地区之间，也有40% ~50%的差异。这些关于适当清偿和节俭生活的不同观点，导致一些债务咨询顾问建议他们的客户在破产前寻求救助时，先把房子从一个豁免制度较吝啬的地区搬到一个更慷慨（或者说更合理）的地区。

在对这些过于严格且存在分歧的法庭要求经历了近20年的失望之后，丹麦政府启动了一项改革，并在2005年达到了高潮。该项改革放宽了准入标准，规范了还款计划条款。最初限制准入的逻辑假定被推翻了。也就是说，最初的逻辑假定就是债务人不应获得债务救济，除非法院确信整体情况**支持**受理债务人的救济申请。但在2005年之后，考虑到略作修改的条件清单，除非“确定地表明反对”免责，否则，逻辑推定就是**支持**法院受理债务人的申请。此外，至少对以前的小企业主来说，“适格破产人”测试被明确修改为允许经济状况“不明确”的债务人申请。另外，根据司法部的规定，这些以前的小企业主的免责计划的还款期限为3年，而不是为消费者设定的5年标准期限。

司法部的任务之一是建立全国统一的基本预算津贴标准，其对债务人支持采取了更人性化的方式。新的预算指导方针比当时法院在大多数债务调整案件中适用的上限高出近20%，而有些类型的收入则完全免于分配给债权人，如针对儿童的国家转移支付。

B. 斯洛伐克：2006～2017 年

最近，在斯洛伐克出现了一种与欧洲传统限制性的做法截然不同、特别大胆的尝试。在最初的 2006 年斯洛伐克法律中，债务人必须支付 650 多欧元的申请费和管理费，而且他们必须证明自己有资产可供清算，能够为债权人带来近 1700 欧元的分配。通过这一门槛的债务人，还必须遵守法院强制执行的 3 年还款计划，才能获得“全新开始”。

很少有债务人能够肃清程序准入的障碍。该制度运行的前 6 年，有 484 个债务人提出了债务救济的申请，但只有大约 200 个案件得以完全处理（持续积压了大量案件），批准免责的案件只有 100 件。截至 2016 年年底，在该制度实施的 11 年里，申请免责的案件总数虽经上升但只有 1855 例，经过完全管理的案件数量则少之又少，只有 685 例，其中 478 例获准进入还款计划阶段。

斯洛伐克政府于 2016 年开始，将个人破产的实践与对债务人更宽容的制度相结合。立法机构迅速通过了司法部的大胆修订方案，自 2017 年 3 月 1 日起生效。与欧洲标准不同的是，斯洛伐克的新制度让债务人在资产清算与即时免责和制定一个 5 年还款计划之间进行自由选择，类似于美国债务人在第 7 章和第 13 章之间的选择。债务人必须由公共支持的法律援助中心代表，对于现已减少的 500 欧元申请费，可以由该中心出借给不能立即支付费用的债务人（3 年内分期偿还）。为了使清算成为一个更具吸引力的选择，债务人免于清算的豁免财产范围扩大了，一套无产权负担的家宅豁免价值为 1 万欧元。

截至 2017 年 11 月底，法律援助中心已向对新的免责程序感兴趣的债务人提供了将近 6.3 万次咨询。在新制度实施的头 9 个月里，提交了约有 8000 多份申请，其中 7800 份申请要求资产清算和债务免责，大约 200 多份申请提出了 5 年还款计划。法院快速受理了 6454 起清算免责案件和 117 起还款计划案件。其中，约一半的清算案件已经以免责而终结，选择还款计划的案件中有 40 多起已经批准了还款计划。新制度实施后的 9 个月，受理的案件数量是过去 11 年受理总数的 13.5 倍，获得免责的债务人数量是之前的 17 倍。

C. 波兰：2009～2015 年

类似的情形也在波兰发生，不过时间要短一些。2009 年 3 月底生效的波兰破产法增补了一些条款，允许非商自然人寻求免责救济，但同样担心对该制度的滥用，立法者再次被迫在获得这一救济的道路上设置了两大障碍。第一，债务人必须证明其破产是由完全无法控制的特殊情况造成的。第二，债务人还必须证明自己有足够的资产来支付案件的管理费用，金额因案而异，一般为 1000～5000 欧元。

从 2009 年 3 月到 2012 年年底的近 4 年里，波兰超过 2000 名债务人根据新法律申请债务免责，但只有 60 人（2.8%）被允许进入免责程序。司法部对此很不满意，它提出了一项改革，认为这些统计数据和“其他国家的立法经验表明，目前波兰法律中所设想的限制性做法应该予以放宽”。⑦ 一年之后，一项改革议案提交给了立法机关，其中一份解释性声明提醒立法者注意消费者破产免责救济的诸多益处，并指出因为上述费用和资格方面的障碍，波兰的路径归于失败，该议案旨在减少或完全消除这些障碍。

从2015年起，波兰债务人可以自由寻求免责救济，只要他们没有“故意或由于重大过失”而导致破产。管理费用最初由国库承担，为了降低费用，取消了在报纸上公告案件信息的昂贵方式，改为电子公告。在对债务人的资产进行清算后，波兰的做法仍然遵循欧洲的惯例，即对债务人实施一项旨在获得免责的偿付计划，不过期限从之前法律规定的5年减少到了3年。此外，法律明确规定，如果法院发现债务人的可支配收入“明确显示”不会超过他们的基本需求，债务人可以依法即时免责。

波兰新法律实施的第一年，超过5600个债务人申请了免责救济，受理数量为2153件——几乎是之前6年数量总和的20倍。在接下来的每一年，这些数字都在急剧增长，到2016年再次翻了一番，约8700多起申请，受理案件数量约为4447件，案件受理

---

⑦ Ministry of Justice, Rekomendacje Zespołu Ministra Sprawiedliwości ds. nowelizacji Prawa upadłościowego i naprawczego [Recommendations of the Team of the Minister of Justice on the amendment of the Law of Bankruptcy and Rehabilitation] § 31.13 at 270 (Dec. 10, 2012).

率首次增长至50%以上。许多申请仍然被拒绝，但主要是因为未能正确地填写申请表格。处理案件的平均时间为4个月，这表明随着依程序申请之新案件的大量涌现，案件的受理率也会逐步提高。

D. 俄罗斯：2015~2017年

俄罗斯在向市场经济体制转型的过程中，于2014年12月通过了一部消费者破产法，而生效日期推迟到了2015年10月1日。⑧ 尽管它看似遵循了欧洲的标准，要求债务人放弃非豁免财产价值和一定数量的未来收入，但只有6个月的收入会受到影响，并且债务人有权利获得法定豁免标准下的大部分收入。

颇具讽刺意味的问题是，与斯洛伐克和波兰一样，债务人的财务状况糟糕到根本无力承担申请破产的费用。在该法实施的第一年，大约67万名潜在的过度负债申请人中，只有约33,000名债务人申请救济，受理案件数量为14,800起，其中，只有不到500人通过了复杂的免责程序。立法者最初认为是成本障碍阻碍了破产申请潮，所以在2016年11月，他们将申请费降低到象征性的300卢布。但在新法律实施的第二年年底，个人破产受理案件数量仅增加了1倍多，仅达到4万多件。真正的问题仍然是所

⑧ See Jason J. Kilborn, *Treating the New European Disease of Consumer Debt in a Post-Communist State: The Groundbreaking New Russian Personal Insolvency Law*, 41 Brooklyn J. Int'l L. 655 (2016).

需要的财务管理人（托管人）费用和其他管理成本。据报道，在莫斯科，个人破产申请的总成本达到至少 10 万卢布（按购买力平价计算为 4250 美元），在其他省级地区大约是这个数额的一半。经济发展部已经提议简化程序——主要是建议取消收费高昂的财务管理人——但只适用于涉及债务和资产价值非常有限的案件。

在新法律下的第一起案件上诉到俄罗斯最高法院时，救济的另一个障碍也被消除了。⑨ 新法生效 2 个月后，位于偏远的西伯利亚西部秋明州（Tumenskaya）的商事法院收到了一起个人破产案，但 5 个月后就驳回了。该法院认为，允许没有资产价值的债务人向无担保债权人清偿，哪怕是很小一部分，都是滥用救济程序。最高法院根据新法律对此给出了哲学意义上的反对意见。最高法院指出，个人破产除了满足债权人之外还有其他功能，不能仅仅因为债务人缺乏有价值资产可供分配给债权人，就限制其进入免责救济的程序。

E. 奥地利：1995 ~ 2017 年

最后一项最近值得关注的改革，是奥地利对其制度长期实施以来的一次重要的自由化。奥地利自 1995 年实施个人破产法以来的逾 20 年间，一直要求债务人提交特别沉重的还款计划。奥地利

---

⑨ Opredelenie ot 23 yanvarya 2017 g. po delu no. A70 – 14095/2015 [Determination of 23 January 2017 in case no. A70 – 14095/2015] (Verkh. Sud RF) [Supreme Court of the Russian Federation].

法律要求债务人将其实际收入超过法定“最低限度”（豁免）金额的部分，全部转交给管理人，这一期限最初要求为7年。改革前，在这一期限届满时，只有当债务人支付了管理费用，并且无担保债权人的清偿率至少达到10%时，才能获得免责。

其招致了咨询中心和其他观察人士几十年来不绝于耳的批评，奥地利在2017年11月1日生效的几乎一致通过的立法改革中取消了10%最低清偿率的要求，减轻了债务人的管理费用，并将获得免责的期限从7年减少到5年。现在，5年还款计划期结束时，无论债务人是否支付了费用并为债权人带来了清偿，法院都同意其免责。债务人无法支付的管理费用由国库垫付。如果债务人的资产价值和5年的非豁免收入不足以支付管理费用，债务在“他有能力支付且不损害他（及其家庭）必要保障的情况下”对这些费用仍旧负有支付义务。⑩

除上述国家之外，捷克共和国现在是欧盟中唯一一个拥有较为独特的个人破产法的国家。作为债务免责的条件，它要求向无担保债权人清偿的比例不得低于30%。司法部官员报告称，捷克共和国正在考虑一项改革，也是旨在取消这种最低清偿率的要求。由此可见，在欧洲，放宽免责准入限制的自由化进程仍在继续。

---

⑩ InsolvenzOrdnung § 184（3）（2018）.

附录2：中小企业重整的美国例外主义：2019年《小企业重整法》*

Ⅰ. 引言

正如许多国家一样，美国长期以来一直深受中小企业（small and medium enterprises，SMEs）重整的费用高昂与程序冗长之困扰。通常来说，这类案件的资产较少，对债权人没有吸引力，全部或者大部分有价值的资产几乎都用来支付烦琐且高昂的传统程序。①因此，将闻名世界的美国《破产法典》第11章适用于这类中小企业债务人，既不具有成本效益，也没有特别的成效。

---

* 本文由杰森·吉伯恩（Jason J. Kilborn）教授撰写，原文发表于 *Insolvency and Restructuring in Germany Yearbook* 2022（Schultze & Braun），pp. 10－17。收入本书出版时，作者进行了全面修订，并由徐阳光、李丽丽共同翻译。

① 关于中小企业适用传统重整程序所面临的挑战的讨论，参见 World Bank Group，*Report on the Treatment of MSME Insolvency*（2017）。对于其他国家解决此类问题的路径讨论，参见 World Bank Group，*Saving Entrepreneurs*，*Saving Enterprises*：*Proposals on the Treatment of MSME Insolvency* 13－15，22－24，31－33（2019）。

经过早些年几种不同的探索尝试之后，2019 年 8 月，美国采取了一种为中小企业量身定制的“分水岭”式的重整制度。2020 年 2 月 19 日生效的《小企业重整法》（the Small Business Reorganization Act）②，成为美国《破产法典》第 11 章中新的第 5 分章，彻底简化了普通重整规则以专门适用于中小企业重整。

国际社会一直呼吁为财务困难的中小企业减负和提供更多支持性的挽救对策，美国《小企业重整法》对此进行了回应，同时也采取了更为大胆的做法，以致偏离了不断演变的国际标准。制定国际标准的组织继续倾向于完全由债权人控制的程序，即重整计划只有在大多数参与表决的债权人都投赞成票的情况下才能通过，③ 但美国的新法律向前迈进了一大步。根据美国《小企业重整法》的授权，只要满足了几个法定标准，法院就有权在有债权人反对的情况下，强制批准（cram down）重整计划。对于美国境内的企业以及外国企业在境内的分支来说，相较于其他国家的重整模式，美国《小企业重整法》提供了一种比大多数国家的重整模式更容易获得和更强有力的重整路径，当然也比传统的美国

② Pub. L. 116 – 54, codified at 11 United States Code［USC］§ § 1181 – 1195.

③ World Bank Group, *Saving Entrepreneurs*, *Saving Enterprises*: *Proposals on the Treatment of MSME Insolvency* 18 – 19（2019）; see also UNCITRAL, Working Group V（Insolvency Law）（2020）, *Draft text on a simplified insolvency regime*, Doc. No. A/CN. 9/WG. V/WP. 170.

《破产法典》第11章完整重整程序更为有效。

Ⅱ. 适用资格

美国这一全新的简易重整程序只适用于愿意选择此程序的“小企业债务人”（small business debtor），法律并不强制符合资格的债务人适用该程序。第11章传统的完整重整仍旧是默认的重整机制，但是，符合“小企业债务人”资格的公司如果满足“小型”的两个检验标准，就可以选择适用第11章第5分章的快捷重整程序。

A. “小企业”=小额债务

小企业重整程序，既适用于自然人，也适用于法人（juridical persons），因此，资格测试的第一步就是，要求债务人是“从事商事或商业活动”的主体（区别于美国破产案件中占主导地位的绝大多数纯粹的非商业消费者），并且至少有一半的债务必须是来自商业活动。④ 毫无疑问，对于商业实体来说，这一测试的标准主要集中在规模上，但不是指债务人自身的规模或者与负债关联的商业规模，而是根据公司的债务规模来决定“小企业”中的“小”，并由此确定商业债务人是否符合第5分章程序的适用

④ 11 USC § § 101（51D），1182. 对子公司和内部人士的债务不包括在这一上限的计算范围内，而且债务人从事的“商业”必须不仅仅是经营单一的不动产或项目。11 USC § 101（51B）.

资格。

一个“小企业债务人”是指累计实然的、数额确定的担保债务与无担保债务总额不超过一定限额的债务人。在 2019 年最初的法律中，这一限额为 2,725,625 美元（根据通货膨胀指数每 3 年调整一次）。⑤ 这一限额会大大缩小适用的主体范围。多年来，如何确定“小企业债务人”的适当门槛，一直是学术和业界研究和辩论的主题。评论人士一致认为，金额限制应当予以大幅提高，以便能够涵盖潜在目标群体。国家破产审查委员会曾选择总债务 500 万美元作为适当的分界线（20 年前的标准，经通胀因素调整后相当于今天的 850 万美元），⑥ 而美国破产法协会第 11 章改革调研委员会曾选择了总负债或总资产为 1000 万美元的标准。⑦

新冠肺炎疫情阴云下的一线希望是，“小企业”资格门槛大幅提高了，尽管只是在有限的时间内。国会认识到新冠肺炎疫情对中小企业构成了特别的挑战，于 2020 年通过并于 2021 年更新了所谓的《新冠病毒援助、救济和经济安全法》（Coronavirus Aid, Relief, and Economic Security Act, CARES Act）条款，将界定小企业的限额标准提高了一倍，债务总额提高到了 750 万美元。

---

⑤ 11 USC § § 101（51D）, 1182.

⑥ National Bankruptcy Review Commission, *Bankruptcy: The Next Twenty Years* 618（1997）.

⑦ American Bankruptcy Institute Commission to Study the Reform of Chapter 11, *Final Report and Recommendation* 279（2014）.

这一限额标准于2022年3月到期，并恢复到了原来的水平。尽管在2022年4月经3年一度的通胀指数上调后，该限额标准现在已经上升到了300万美元出头，但是许多人仍建议应该永久维持750万美元的标准。一项新的参议院法案即《破产门槛调整和技术修正法案》（Bankruptcy Threshold Adjustment and Technical Corrections Act）拟将债务上限永久设定在750万美元，但该法案仍悬而未决，没有进一步采取行动。让我们拭目以待。

B. “小企业”＝小型企业集团和小型证券发行

对于拥有美国子公司的非美国企业实体，“小企业债务人”限制定义的另一个方面尤其重要。它排除了其余方面符合定义但由于其他原因被认为“不小”（not small）的企业实体，包括与其他主体的关系，如可能更大的债务人。有3个因素可能使符合条件的债务人无法适用第5分章。

对于第一个排除因素，关键是适当的法律解读。债务限额是任何“关联债务人集团”（group of affiliated debtors）⑧的总和，因此，如果所有这些关联债务人的债务总额超过上限，该集团的每个成员都被排除在外，即使是其中的“小”成员。但这里的“债务人”一词并不是泛指负债公司集团中的任何一个成员；相反，它是美国《破产法典》中一个明确定义的术语。在本法典

⑧ 11 USC § 101（51D）（B）（i）.

中，“债务人”是指“已就本标题下的案件展开诉讼”⑨ 的主体。因此，只考虑在美国申请破产（或者在较小可能的情况下被迫申请破产）的成员债务；其他关联公司，包括非美国的母公司或兄弟实体的债务，并不涵盖在计算之中，即使它们在其本国已经处于破产程序。

第二个和第三个排除因素是为了与美国证券交易法相协调。如果一家公司的市值很高，很难称其为“小公司”，根据《1934年证券交易法》的要求，负有报告义务的上市公司应被排除适用第5分章。⑩ 如果一家境外公司在美国设立子公司，其股票在公众交易所上市，则显然会导致该子公司不符合第5分章的适用条件。但是，人们也很难指望这样一家公司有资格成为“小企业”债务人。然而，即使这种公司的股票没有上市，如果该公司的资产超过1000万美元，并且“公众”持有该公司的股票，即持有其股票的非“合格投资者”超过500人或者任何情况下超过2000人，则该公司仍然可能成为证券交易法要求的报告主体。证券交易法的复杂性远远超出了这一分析的范围，一言以蔽之，如果在超出非美国母公司范围之外分销股权证券，可能使美国子公司承担繁重的合规监管义务，并相应地将使此类公司排除在（《美国破产法典》第11章）第5分章小企业重整的适用范围之外。更大

⑨ 11 USC § 101（13）.

⑩ 11 USC § 101（51D）（B）（ii）.

的潜在麻烦是，最终将使《1934年证券交易法》第3条定义中“发行人”的任何关联公司都被排除在外，这种界定似乎过于宽泛。正如一位著名评论员指出的那样，“国会不可能故意”排除任何发行过证券的公司的任何子公司，正确的解释是，这种排除只适用于前面讨论过的证券交易法中“受报告要求约束的发行人的子公司”（在美国上市的“公众”证券的发行人）。⑪

Ⅲ. 协商一致的重整——减少复杂性，增加支持率

对于那些符合第5分章程序条件的债务人，所适用的程序与普通的第11章商业重整相比，主要有两方面的不同，这两方面的目的都是吸引债务人进入这一程序并促使达成重整计划——无论是否得到债权人的同意。作为债务人参与这一过程的初步诱因，第5分章在这一新背景下延续了“经管债务人”（debtors in possession，DIP）的传统。小企业债务人仍然拥有并控制着自己的财产和企业，除非存在欺诈或严重管理不善需要指定管理人——这种情况在美国极为罕见。⑫

吸引债务人选择第5分章程序的主要原因是，其减少了复杂性以及大幅度简化了重整计划的协商确认。传统的第11章重整程

⑪ Hon. Paul W. Bonapfel, *SBRA: A Guide to Subchapter V of the U. S. Bankruptcy Code* 34 (2021).

⑫ 11 USC §§ 1184－1186.

序的费用与代价源于各方主体的博弈，债务人有义务向无担保债权人的债权委员会提供过去、现在、未来的详尽信息以及关于公司重整的努力情况。第 5 分章取消了这些烦琐的机构及其相关费用。

在过去，债权人对小企业案件很少表现出兴趣，因此在第 5 分章的案件中，指定成立无担保债权人委员会是一个罕见的例外，而不是普遍的情况。⑬ 债务人可以直接与全体债权人进行沟通，而且鉴于涉及的债务金额很低，假定这种沟通应该是简单和直接的。在传统的第 11 章程序中，重整计划需要一份法庭批准的信息披露声明（court-approved Disclosure Statement），在很多情况下，这份披露声明篇幅庞大、错综复杂，就像首次公开发行证券的招股说明书，随之而来的是审计、咨询顾问和其他专家一起收集和展示过去和未来的数据分析所需要的高昂费用。第 5 分章消除了这种累赘的形式主义。取而代之的是，债务人只需向债权人提交一份报告，详细说明其业务交易和未来重整安排的核心信息，几乎很少需要外部专家的投入（如果有的话）。⑭ 制定和提出重整计划的时间规则，对小企业债务人既是祝福也是诅咒。只有债务人可以提出计划，但该计划必须在案件启动后 90 日内提交。⑮ 因

⑬ 11 USC § 1181 (b).
⑭ 11 USC § § 1181 (b), 1187 – 88.
⑮ 11 USC § 1189.

此，这个期限既很仁慈，但也相当短。第5分章的设计目的不是推迟不可避免的“僵尸公司”的灭亡，而是给那些有生存能力的公司一个合理的机会。对于苦苦挣扎的小企业来说，加速推进的时间表进一步减轻了拖累小企业的专业费用负担。

虽然专业建议可能是昂贵的，但它也经常是小企业债务人所迫切需要的。因此，一项重要的附加措施涉及对小企业重整案件进行官方监督的性质。如上所述，只有在极少数情况下，为了阻止债务人的不法行为和保护债权人的利益，必须进行积极干预时，才会任命管理人。与此相反，第5分章在每一案件中都指定了一种独特和新颖的管理人，但是并不介入（债权人与债务人的）对立局面。该分章下的管理人的明确职责是支持经管债务人并向其提供咨询建议，特别是“协助制定双方同意的重整计划”。⑯ 第5分章的管理人是经验丰富的商业专业人士和交易撮合者，他们知道如何让债权人支持可行的计划（或告诉债务人关于不具可行性计划的直白真相）。专家提供帮助是需要报酬的，这减少了根据该计划分配给债权人的份额，但这种财务负担远低于传统的第11章重整程序，⑰ 而且这些投入更有可能使债务人和债权人都受益。

在其他方面，第5分章的计划通过和批准规则与传统的第11

---

⑯ 11 USC § 1183（b）（7）.

⑰ 特别值得注意的是，第5分章程序中的债务人不需要向美国破产管理署的系统按季度付款，而在第11章的案件中则需要这么做。28 U. S. C. § 1930（a）（6）.

章案件相同。对于所有类别的债权人来说，必须以实际参加投票的多数债权人的赞成票来批准该计划，并且这些债权人所代表的债权金额至少占有投票权的同类债权人全部债权美元价值的2/3。⑱ 债权人表决通过的计划还必须得到法院的批准，因为它还需要符合一些法定要求。其中最值得注意的是：(1) 该计划实际上是可行的；(2) 该计划为债权人提供的清偿至少与债务人所有资产的清算分配价值相同；(3) 债务人是在诚信地（good faith）推进重整程序。⑲ 这些法律上的评估既施加给了法官极大的责任，也赋予了法官极大的信任，但对于普通的第11章之下的第5分章案件，美国破产法官都是在破产法和金融领域有过重要的职业生涯之后才能获得任命。虽然一些法官倾向于支持重整，但这在一定程度上是不受某些人欢迎的，他们普遍表现出了审慎审查小企业重整计划的意愿，并得出结论认为是时候采取下一步行动了。

Ⅳ. “可支配收入”计划的非协商强制批准

第5分章最激进的，从国际角度来说也是最杰出的创新是将重整计划“强制”适用于持异议的债权人。即便必要的多数债权人不同意一项拟议的重整计划，法院也可以批准实施该计划（这一过程被非正式但普遍地称为“强制批准”），只要根据法律规定

⑱ 11 USC § § 1191 (a), 1126 (c), 1129 (a) (8).

⑲ 11 USC § § 1191 (a), 1129 (a) (3), (7), (11).

来看，重整计划的条款是客观合理的。这种法定的替代方案确立了计划的假定外部边界，鼓励债权人和债务人自愿在这些边界内寻求合理的协商与妥协，对谈判进程产生了重要的倒逼作用。这些年来，界定这些边界引发了巨大的争论。

虽然传统的第 11 章程序也允许法院强制批准计划，但长期以来，“绝对优先权规则”一直是债权人权利的守护者，同时也是对债务人尝试以债权人利益为代价保留资产所有权的制衡。该原则最常见的适用情形是，除非债权人得到全额偿付，否则禁止强制执行允许先前所有者保留重整后公司任何股份的重整计划。该规则不适用于第 5 分章的案件。因此，这并不妨碍批准（强制批准）一项非协商一致的计划，尽管债权人可能得不到全额清偿，⑳但该计划允许小企业债务人的所有者（们）在重组后的公司中保持股权（可能是 100%）。如果法院认为满足了下文讨论的简单的前提条件，就可以不顾债权人的反对而强制批准该计划。

在这方面以及其他方面，第 5 分章类似于几十年来使用的程序，不是第 11 章中用于公司重整的程序，而是第 13 章中适用于个人“工薪阶层”的还款计划程序。㉑ 诞生于 20 世纪 30 年代的美国《破产法典》第 13 章远没有那么出名，其目的是让那些拥有稳定就业带来可预测未来收入的个人，利用就业收入在未来一段

⑳ 11 USC § 1181 (a) (suspending application of section 1129 (b)).

㉑ 11 USC § § 1301 – 1330.

时间内至少偿还一部分债务，从而避免破产和资产被清算的耻辱。随着20世纪70年代末美国《破产法典》的修订，立法者认识到这类债务人几乎没有谈判筹码可以吸引债权人支持一项双方同意的计划，因此第13章中的所有还款计划都是由法院根据法定标准“强制”批准。也就是说，只要遵守有关还款金额和还款时间的法定条款，个人债务人的第13章计划将由法院裁定批准，无须债权人投票表决。这与过去30年欧洲许多国家在新的“债务调整”或“消费者破产”立法浪潮中所发展出的功能一样，通常给予个人债务免责的权利，作为交换，债务人将未来几年内超过债务人及其家庭合理支出以外的收入支付给债权人。到目前为止，在美国，这种法院批准的非协商还款计划只适用于债务金额相对有限(如无担保债务低于42万美元）的个人债务人（而不是商业实体)。㉒

第5分章基本上对小企业债务人（包括拟制商业实体）采取了这一非协商的替代办法，但第5分章本身的债务限额要高得多。第5分章的还款条件和时间参照了第13章：“强制批准”的计划必须承诺将债务人在今后3~5年内收到的所有“预计可支配收入”同等地支付给无担保债权人㉓。这笔款项可以一次性支付，

㉒ 11 USC § 109 (e).

㉓ 担保债权人有权就担保物获得担保债权内的全部价值。11 USC § 1129 (b) (2) (A).

也可以在36～60个月的期限内分期支付。不过，如果第13章的做法有指导意义，则计划的标准期限将为60个月，除非债权人要在更短的期限内得到全额偿付。

“可支配收入”这一关键概念，被定义为“没有合理必要……用于支付债务人继续、保存或经营业务所需支出”的净收入。[24] 这一定义给法院留下了极大的自由裁量权，以评估企业支出的“必要性”和“合理性”，更不用说预测企业未来收入实际实现的可能性了。用固定工资的平均收入来预测未来收入是一回事；对于一个商业前景——不可预测的（实际上是不确定的）小公司来说，预测其未来收入则完全是另外一回事。不同的法院可能对这些问题得出截然不同的结论，但同样的是，美国破产法官的选择是基于他们对困境企业在特定背景下进行财务评估的专业知识和经验。

V. 初步实证结果和总结性评价

第5分章的最终目标是增加在小企业重整中批准重整计划的数量，并希望借此增加成功获救的企业数量。因此，对于这一新程序来说，评估其最终的成功需要相当长的时间，目前没有足够的时间对其作出最后判断。尽管如此，初步实证结果显示许多方

---

[24] 11 USC § 1191 (b) – (d).

面都是相当积极的。

关于第5分章案件的初步结果，只发布了两份值得关注的实证研究报告。第一份报告是美国管理署办公室主任2021年1月发布的报告。㉕ 美国管理署办公室是美国破产制度的政府监管机构，具有得天独厚的优势，能获得更加详细的数据。新程序适用的前7个月，从2020年2月19日到9月30日，大约1100家小型企业债务人选择适用第5分章的程序。美国管理署办公室报告了对有足够时间完成整个程序的625例案件的分析。

第二份报告涵盖了截至2021年6月由一位破产法官及其工作人员进行审查的数据。这项研究涵盖了新程序实施的前10个月（至2020年12月31日）申请的1278例案件，以及在之后6个月（至2021年6月）的跟踪结果。该报告再次分析了有足够时间完成该章程序的438例案件。

两份报告的结果惊人的一致：超过2/3的债务人是企业实体，而不是自然人，而且以批准重整计划而终结的案件比例很高，并且还在上升。第一份报告显示，在接受调查的625家债务人中，有100位（16%）债务人在7个月内就制定了重整计划，甚至短于7个月，这一数量是适用第11章程序的小企业破产案件的6倍。在这625件小企业案例中，有100件在不到7个月的时间内

㉕ Clifford J. White Ⅲ, *Small Business Reorganization Act*: *Implementation and Trends*, American Bankruptcy Institute Journal, Jan. 2021, p. 54.

就完成了重整计划的批准，这是一个了不起的成就，而且可能远远少于7个月的时间。除了这些成功的案件外，约有40起案件被发现不符合第5分章的适用条件，另有约80起被驳回或转为破产清算。据报告，其中有相当多的案件由于第5分章管理人提供了帮助而促成了债务人和债权人协商，双方达成庭外和解，无须进入正式程序。一年后，在第二份报告的438起案件中，以成功批准重整计划而结案的案件数量跃升至221例（约占50%）。

最令人惊讶的是，在这两份报告的研究中，约60%的计划是双方自愿的，也就是说，它们是由多数债权人投票通过的，而不是由法院强制批准的。然而，赞赏美国《小企业重整法》的关键是要考虑到60%的“协商一致”计划中有很大一部分必须得到批准，因为债权人会考虑替代方案：无论如何，拒绝同意债务人提出的计划很可能导致法院强制批准“预期可支配收入”计划，所以，只要债务人的提议是合理的，为什么不接受它呢？

这似乎是第5分章的真正成功之处，它鼓励债权人在强制的替代方案下以一种更具和解性的、承认现实的、友好协商的方式行事。第5分章管理人作为中立居间者的存在，无疑也大大有助于说服债权人接受合理的协商安排。㉖ 这些观点代表了在第5分

㉖ See Jason J. Kilborn, *Determinants of Failure ... and Success in Personal Debt Mediation*, Transnational Dispute Management 14 (4) (Winter 2017), available online https://ssrn.com/abstract=3015419（文章建议，管理人中立的居间存在是成功调解的两个关键因素之一）.

章程序中的美国例外主义，它们似乎产生了特别积极的影响。

随着对最新案例进行更多的实证报告，时间将证明美国的成功故事是否可持续，以及对债权人、企业家和社会的成本/收益取舍。第5分章提供了一条可能更有效的途径，来拯救和重整通过“小企业债务人”开展业务的美国市场主体。

附录3：欧洲主要国家个人破产制度的最新发展*

正如本书中文版序言所述，本书出版15年来，时过境迁，许多规则和程序发生了巨大变化，个人破产的范围进一步扩大。对最近几个关键进展进行简短总结，能够保持本书观点的与时俱进，希冀能够对中国读者给予持续的助益。

就基本层面而言，当今，该类题材的书籍之标题不会再指向“消费者”（consumer）破产，而是选择采用“个人”（personal）破产，以识别那些企业家通常需要并乐于接受解决过度负债问题的类似制度，无论这些负债是来自家庭贷款，还是来自个人因为启动或维持小企业所产生的担保和债务。企业负债问题被区别对待，但商业人士——当今绝大多数企业背后跳动的心脏和驱动力——更像消费者，而不像大公司。近年来，特别是瑞典和丹麦

---

* 本文为原著作者杰森·吉伯恩（Jason J. Kilborn）教授应译者的要求，在2022年4月为本书中文版所撰写的后记（Epilogue），并由徐阳光、李丽丽共同负责翻译。主要是介绍欧洲主要国家自本书英文原著2007年出版至今，在个人破产立法和实践中的最新发展情况。

的个人债务调整法律制度已发展得更加适应个体企业家的需要和关切，鼓励他们寻求和获得救济并迅速恢复经济生产力。同样，美国法律最近唯一值得注意的发展是增加了一系列关于小企业破产的新规定，这些新规定偏离了关于公司重整（美国《破产法典》第11章）的规定，转而遵循类似个人破产计划（美国《破产法典》第13章）的规定。

更广泛地说，个人破产法的范围已远远超出本书所讨论的少数几个国家。今天，欧盟几乎所有成员国（以及许多非成员国，如2015年以来的俄罗斯）都制定了消费者破产法。剩下的唯一例外是保加利亚和马耳他，保加利亚当局在过去几年中一直在积极讨论各种版本的法律草案。

本书中讨论的几个国家的一些具体发展，以及一些尚未提及的发展尤其值得关注。

A. 法国

在法国，脱离协商还款计划和迈向债务即时免责的趋势已日益显著。根据个人过度负债委员会对每个债务人家庭的财务状况的评估，少数案件仍然是通过调解来协商达成还款和解计划。然而，涉及财务困境更严重的案件，则越来越多地尝试寻求债务的即时免责，通常甚至不再试图通过扣押和出售债务人的非豁免财产来获取清偿。

自2010年以来，如果债务人只拥有必要的、市场价值与出售成本“明显不成比例”的家庭用品，委员会可以在不进行资产清算的情况下，建议对其进行个人债务重构式免责。在这类案件中，法院只需要批准委员会的建议，即可宣布即时免责并终结案件。

今天，法国几乎一半的案例都以即时免责而终结。2010 ~ 2016 年，该委员会每年管理约 180, 000 ~ 200, 000 例案件，2017 年有所下降，但略高于 160, 000 例，此后稳步下降（新冠肺炎疫情降低了申请的受理数量，2020 年降至 105, 000 例）。在此期间的前半段，即 2010 ~ 2013 年，以调解的、双方协议一致的计划终结的案件比例，从不到 49% 下降到不足 35% 。在接下来的几年里，成功达成调解协议的比例大幅下降，2014 年降至 19% ，2016 年略低于 13% ，2018 ~ 2021 年仅为 9% ~ 10% 。在剩下的案件中，约有一半的案件适用的是即时免责程序，除少数案件外，所有案件都没有对债务人的家庭资产进行清算。2010 年，此类即时免责的案件占比不到 25% ，2016 年稳步上升至 42% 以上，2017 ~ 2021 年保持在 44% ~ 48% 。

达成协商一致计划的案件数量下降的部分原因，是进一步的立法改革不利于协商解决方案。截至 2018 年 1 月 1 日，法国立法机构几乎放弃了最初对还款计划谈判的热情。现在的法律明确规定，只有在债务人拥有不动产且可能有全额还款计划的情况下，才允许进行还款计划的协商。因此，个人破产制度中曾经全心全意支持调解的模式，现在几乎已被抛弃。历经 30 年的经验表明，法国个人破产制度现在的运作方式很像美国历史上的“债务人友好型”的破产程序，在这种程序中，大多数债务人都能立即得到广泛的免责救济。

B. 奥地利

在咨询中心和其他观察人士对奥地利个人破产程序的限制和要求相当严格的问题进行了长达几十年的批评之后，一项几乎一致通过的立法改革终于取消了这些限制，放宽了要求，于 2017 年 11 月 1 日生效。这一激进的改革影响了 3 个关键领域。

第一，根据原来的法律，奥地利的债务人如果不能支付诉讼费用，则必须先尝试与债权人进行庭外谈判。不出所料，这种谈判很少成功，因此这一要求最终在 2017 年的改革中被废除。因此，奥地利同瑞典一样，放弃了强制性债务咨询和协商谈判作为正式免责救济的先决条件。

第二，更重要的是，一旦进入正式破产程序，奥地利所有债务人都必须先提交一份还款计划，由债权人投票表决。这项规定现在仅适用于那些有大量非豁免收入的债务人，即还款计划可能被债权人接受的债务人。很少或没有盈余收入的债务人没有实际的机会说服债权人接受很少或没有偿付的还款计划，而他们现在可以立即进入法院强制的“收入—免责”程序。

第三，这种“收入—免责”程序最初要求债务人将其实际收入超过法定的目标“最低持续”7 年的全部款项正式交付给管理人，在这7年期间结束时，债务人只有在支付了管理费用并清偿无担保债权人债权金额的10%后才能获得免责。2017年的改革从根本上改变了这一点。奥地利的立法者废除了10%的最低清偿比例要求，实际上取消了支付管理费用的要求，并将“收入—免责”期限从7年减少到5年。现在，5年期结束时，无论债务人向债权人支付了多少款项，法院都批准债务人免责。如果在5年清偿期间从债务人处收取的价值不足以支付管理费用，那么，只有在债务人在今后3年内能够在维持适当的家庭预算支出的同时支付这些费用的情况下，债务人才有责任支付这些费用。

C. 德国

德国个人破产程序在过去几年中发生了翻天覆地的变化。在德国，个人破产的申请数量曾快速增长，2010年达到逾135,000件的峰值，然后在接下来的10年稳步下降，2017年降至100,000件以下，2020年降至略低于60,000件。在这些案件中，70%～80%是由消费者提起的，剩下的是现任和前任的个人企业家提起的。

随着时间的推移，德国个人债务人获得免责救济的条件已经大为放宽。所谓的“良好行为期”开始是7年，在2001年这一重大改革年减少到6年，本书对此进行了讨论。经过关于进一步缩短这一期限的长期辩论，从2021年1月1日起开始，所有债务人的这一期限被削减了一半，短至3年。这一举措的具体目的是使债务人更快地完整参与社会和经济活动，特别是那些从事商业活动的个人债务人。在这一程序结束后，绝大多数的德国债务人获得了免责，拒绝免责的比例只有4.6%，其中，大多数是由于未能支付最低的管理费用。因此，这一曾经拥有最长还款期的欧洲国家，已经加入了数量正在增加的大多数欧洲国家之列，这些国家大多都是为债务人提供3年或更短时间的免责救济，而且通常只向债权人清偿很少或根本没有任何清偿。

D. 波兰

在撰写本书时，波兰还没有个人破产法，但它现在值得特别关注，因为波兰现在的制度体现了多项立法改革的趋势，使个人破产救济在条件不那么苛刻的情况下更容易获得。波兰的个人破产法经历了三个不同阶段的演进。它始于对一般破产法的一项修正案，该修正案增加了一项特定的消费者破产程序，于2009年3月31日生效。不过，该第一阶段显示出这项新法律在最初适用时犹豫不决的严重弱点，因为有两大障碍阻碍债务人获得救济。第一，债务人必须证明破产是其完全无法控制的特殊情况造成的。第二，债务人还必须证明自己有足够的资产来支付案件管理的巨额费用，最高可达5000欧元。由于这些障碍，在2009年3月至2012年年底的近4年里，超过2100个消费者债务人申请救济，但商业法院只受理了60人（约占2.9%）。尽管受理数量在接下来的两年里有所增加，但到波兰新法律第一阶段结束时，共有2735

人申请，只有120人的申请被受理，受理率仅约为4.4%。

司法部对这种极端保守和低效的做法感到不满，因此它制定了两套改革，使该系统明显更易于接受。在2014年12月31日生效的第一次改革中，刚才提到的两个主要障碍被减少或消除。首先，资不抵债的债务人可以寻求免责救济，只要他们不是自己故意或由于重大过失造成破产。其次，对于无力承担的债务人，管理费用最初由国库承担（通过将案件公告从报纸转向电子出版物，费用得以降低）。

第一次改革也减轻了债务人的支付负担。与欧洲其他国家一样，波兰要求债务人在一段时间内放弃其非豁免资产和未来盈余收入，以获得免责救济。债务人的合理家庭开支（从总收入中扣除以确定"可支配"收入）的确切时间和评估仍由法院酌处。在最初的法律中，时间期限可达5年，但这一最高收入放弃期限在改革后被缩短为3年。显然不能为债权人产生任何有意义的回报的债务人，可立即（或在3年放弃期内的任何时间点）获得免责。

第一次改革产生了预期的效果，增加了纳入救济程序案件的数量和百分比。在改革后的第一年，超过5600个债务人申请了救济，受理数量超过2100起——几乎是之前6年总和的20倍。在接下来的每一年，这些数字都在急剧增长，到2017年再次翻了一番，有11,000多起申请和5500起受理案件，至2020年受理数量猛增到 13, 000 多起。

然而，由于仍有一半的申请被驳回，司法部推进了第二次重大改革，旨在让更多的案件进入该救济系统并成功结案。即使在第一次改革之后，法院仍继续积极地守卫进入新程序的通道，驳回了许多申请，认为债务人确实是故意或由于重大疏忽造成了自己的债务。司法部再次面临这种阻力，立法机构再次支持司法部的提议，敦促法院提供更宽松的救济准入。至 2020 年 3 月，债务人破产的原因是在破产申请受理后再行评估，因此，只有故意挥霍资产以致损害债权人利益的债务人，才可能被施加更长的收入还债期限——长达 7 年——而不是完全驳回他们的救济申请。

E. 俄罗斯

在本书尾声中应加上最后一个国家，以涵盖最近的显著发展。俄罗斯于 2015 年 10 月对“自然人”（相对于法律拟制的公司法人）实施了新的破产程序。2004 年，随着消费信贷开始以惊人的速度增长，立法者开始考虑自然人的特别破产程序，历经了 10 年的思考和筹划之后，制定了一部新的法律，最终在 2014 年 12 月通过，于 2015 年 10 月 1 日生效。

在俄罗斯，大多数个人破产救济申请都被法院受理，然后很快就可以获得免责，无须与债权人谈判，也无须延长等待时间或增加还款要求。绝大多数的申请都被受理了，有的债务人因需要适当完善申请文书而被退回，只有一小部分人因为“不诚实”或其他应受谴责的行为而被驳回。

一旦申请被受理，法院启动案件，俄罗斯债务人就可以提交一份恢复计划，与债权人谈判以避免破产清算，但很少有人这样做。少数债务人会被法院宣布无力为一个可行的还款计划提供资金，法院会将这些案件转入破产清算程序。

破产清算程序要求债务人交出其非豁免资产和债务人未来6个月的收入，只要这些收入超过家庭需要的基本豁免标准（政府按季度修订具体的标准）。俄罗斯独特地豁免了债务人唯一住宅（公寓或房屋）的全部价值，使债权人无法获得这些财产价值。在进入破产程序的案件中，绝大多数个人债务人（2018～2020年约为65%）没有非豁免资产，而在大多数其他情况下，管理费用消耗了全部或大部分的可分配价值；因此，2017～2020年，这些案件平均只向债权人分配了3%～10%的债权金额。在这一简短程序结束时，债务人剩余的未偿还债务（有些具体除外，如家庭抚养义务）被“视为已偿还”，即免责。

俄罗斯的消费者破产救济申请在该制度的前5年里，每年都以两位数的百分比增长，2016年到2017年增加了30%（约37,000件），2018年增加了50%（约55,000件），2019年和2020年均增加了67%（2019年超过91,000件，2020年超过153,000件）。随着2020年7月采用新的庭外程序，允许债务水平非常低的债务人通过简化、免费的行政程序获得救济，这一增长趋势可能增加。

因此，波兰和俄罗斯是在法国、奥地利和德国（以及其他地方）所观察到的趋势的例证，即以较低准入条件来更广泛地提供免责救济，使负担过重的债务人迅速地进行积极的社会和经济行为。尤其是欧洲的立法者越来越多地得出结论，认为公民最大限度参与（经济社会活动）带来的更广泛好处，要大于确保每笔债务都得到偿还的狭隘好处——随着对债务人及其债务和对社会有益的救济以更细致入微的路径迈向21世纪，拉丁语中通常所说的“有约必守”（*pacta sunt servanda*）或者说是“欠债还钱”，正消失在历史的迷雾中。

译后记

翻译著作实际上是一件成本效益较低的事情。译者内心必须时刻想着不负作者和读者，反复逐字逐句打磨译文，而唯一的动力是情怀与热情。我在 2020 年翻译完芝加哥大学法学院道格拉斯·G. 贝尔德（Douglas G. Baird）教授的《美国破产法精要》（*Elemelts of Bankruptcy*）之后，对自己许诺“不会再翻译著作”。然而，一年之后我就打破了自己的诺言，因为杰森·J. 吉伯恩（Jason J. Kilborn）教授这部《个人破产法比较研究》（*Comparative Consumer Bankruptcy*）确实太过精彩，我在全国人大财经委企业破产法修改草案起草过程中深刻地感受到，中国个人破产制度的构建急需这种比较法的文献资料做参考。我无法压制想把这部个人破产制度比较法研究的代表作介绍给国内读者的冲动，将 2022 年的春节、端午假期以及整个 5 月中下旬封闭在校内的空闲时光都投入了本书的翻译中，期待这部译著能够早日与读者见面。

《个人破产法比较研究》精致而经典。精致，是因为作者在共 4 章约 10 万字的篇幅内，对美国、英国、法国、德国、荷兰、奥地利、瑞典、比利时、卢森堡等国家的个人破产制度作了全方位的比较研究。经典，是因为这部著作是在历史逻辑和制度逻辑交织的主线下进行的真正意义上的比较法研究（不是简单的国别研究），也是我目前见到的此主题视域范围内最为广泛的比较法研究。国内很多读者可能都阅读过《世界银行自然人破产问题处理报告》（Report on the Treatment of the Insolvency of Natural Persons），殊不知，世界银行这份具有里程碑意义的报告正是基于本书的比较法分析得出的结论性成果。而本书的作者杰森·J. 吉伯恩教授正是《世界银行自然人破产问题处理报告》的起草小组主席。是故，作者在本书的中文版序言中“强烈建议读者将《世界银行自然人破产问题处理报告》作为本书的补充”。

杰森教授目前任职于美国伊利诺伊大学芝加哥分校法学院，主要讲授破产法、商法以及民事诉讼法等课程，兼任国际破产协会当选成员、首尔（韩国）破产法院行政委员会咨询委员。他是个人和中小企业破产比较法领域的杰出学者，撰写了30余篇开创性文章以及书籍章节，并出版了研究和比较欧洲及其他地区发展中的消费者破产制度的专著。曾为多个国家和多项关于个人破产法律政策的国际研究提供咨询意见，向多个国家政府就个人和中小企业破产改革提供专业建议，并担任世界银行集团众多咨询项目的短期顾问。他不仅主持起草了《世界银行自然人破产问题处理报告》，还负责起草了世界银行集团2018年报告《拯救企业家、拯救企业：中小微企业破产的处理建议》。在翻译本书的过程中，杰森教授向我们提供了其成果清单：10 多部著作、80 余篇论文、10 多个项目，还有数十篇会议演讲稿。这些成果大多集中在破产法领域，涉及世界范围内的不同法律传统领域。毫无疑问，杰森教授是在全球享有盛誉的破产法学者，尤其是在个人破产领域。

2018 年 6 月 15 日，杰森教授在北京参加“个人破产立法与营商环境”国际学术研讨会，并作了“透视美国和欧洲大陆的债务调整、免责与豁免：更广泛的目标与路径”的演讲。会议间隙，刘静老师介绍我和杰森教授认识，寥寥数语的短暂交流让我印象深刻。我和张婷主编的《破产法茶座》（第 3 卷）收入了杰森教授在此会议上的演讲稿的中文译稿（林周汪和胡利玲翻译），该文介绍了美国、丹麦、斯洛伐克、波兰、俄罗斯、奥地利等国家的个人破产立法情况。本书出版之际，我们又征得杰森教授同意，重译该文并收入本书附录，以更完整地呈现世界范围内的个人破产制度。

我与杰森教授至今只有一面之缘，但在翻译本书的过程中，我们通过邮件进行了深入交流：一方面，我邀请杰森教授补充介绍本书出版之后欧陆国家个人债务救济制度的进展情况；另一方面，我们交流了本书翻译中的一些难点问题。杰森教授为了让中国读者更好地了解世界范围内的个人破产制度，特意撰写了《欧洲主要国家个人破产制度的最新发展》一文，我们翻译后收入本书附录，以飨读者。

翻译本书让我对个人破产制度有了更为深入的认识。首先，个人破产制度历史悠久，但全球范围内各国正式的个人破产立法却是在不同的发展阶段完成的。英美法系国家个人破产立法历史较为悠久，大陆法系国家则相对滞后，尤其是欧洲大陆国家破产免责立法主要是在20世纪初期完成的。殊途同归，确立个人破产制度并为债务人提供免责救济已然是全球范围的大势所趋。以欧洲为例，欧盟几乎所有成员国（以及许多非成员国）都制定了消费者破产法。剩下的唯一例外是保加利亚和马耳他，但保加利亚当局在过去几年中一直在积极讨论各种版本的法律草案。其次，个人破产制度不是解决个人债务困境的唯一选项。个人破产制度与个人债务庭外和解、自愿安排、债务管理计划等替代方案共同构成了个人债务救济体系，但个人破产制度是一种法定的、终极性的债务救济方式，缺少这种法定债务救济方式，其他替代方案也将难以为继。因此，个人破产立法对于个人债务救济体系的构建至关重要，破产前的信贷咨询制度、对信贷行业的约束机制，以及金融主管部门和行业协会主持的债务调解等替代性解决机制同样不可或缺。具体到中国的实际情况，为债务人提供信贷咨询和为债权人提供催收救济同样重要，破产事务管理部门参与个人债务救济和人民法院审理个人破产案件同样重要，不可偏废，更不可将个人破产立法作为个人债务救济的全部内容。最后，无论是英美法系还是大陆法系，无论是大陆法系之下的日耳曼法系还是罗马法系，虽有不同的历史文化和法律传统，但在个人破产制度发展方面日益表现出殊途同归的结果。不同法律传统模式下的国家和地区，都非常重视多元化的债务救济体系之构建，纷纷选择商自然人破产和消费者破产统一立法的模式（这也是我们在与杰森教授商议后将本书中文名定为《个人破产法比较研究》的重要原因），都将豁免财产（收入）和破产免责作为核心内容，在强调识别债务人诚信状况的同时开始反思债权人的责任，只是各自经历的阶段和选择的路径存在差异而已。概言之，比较法的研究结论告诉我们，是否确立个人破产制度已经不再是问题，问题在于该确立怎样的个人破产制度，该如何建立起个人债务救济体系。因为很多国家的立法者都已经认识到，公民最大限度地参与经济社会活动带来的更广泛好处，要大于确保每笔债务都得到偿还的狭隘好处——随着对债务人及其债务和对社会有益的救济以更细致入微的路径进入 21 世纪，拉丁语中通常所说的“有约必守”（*pacta sunt servanda*）或者说是“欠债还钱”，正消失在历史的迷雾中。

本书的翻译缘自上海破产法庭李丽丽法官的动议。丽丽法官研究生毕业于华东政法大学经济法学院，以前也曾研究财税法问题，我们在若干年前的财税法会议上认识，时常就专业领域的问题进行探讨。2021 年年初，丽丽法官说她在翻译一本书，为了不影响审判工作，她只能用通勤时间和一部分睡眠时间来进行翻译。我开始并没有太在意，但当她时不时发来几个疑难句子跟我探讨如何翻译的时候，我才意识到她翻译的是破产法的著作，而且是个人破产法的著作。这令我很吃惊，因为在个人破产立法缺失的情况下，法院（深圳市中级人民法院除外）尚无个人破产案件可办。我让丽丽法官发来了英文著作的全文，才知道是杰森教授的经典之作。丽丽法官英文好，酷爱阅读，发现这本好书并希望介绍给大家，但她本人跟作者杰森教授并不认识。丽丽法官在繁忙的审判工作之余还能凭兴趣研究个人破产问题，着实难能可贵，让我十分感动。我正好与杰森教授有过一面之缘，也在致力于推动中国个人破产制度的构建，于是就答应了丽丽法官的邀请，决定与她共同翻译本书并将其纳入“破产法文库”出版，亦在短时间内联系杰森教授获得了版权。我在翻译的过程中进一步了解到丽丽法官优秀的英文能力和对破产审判实务与研究的热爱。她曾经为世界银行《中国营商环境破产改革报告》（*Doing Business Insolvency Reform People's Republic of China*）中文译本提供专业意见，主审的破产案件也曾被最高人民法院评选为典型案例。丽丽法官在与我共同翻译本书的过程中，还承担了与杰森教授联系的任务。我们在书稿翻译与定稿的过程中通力合作，力求精准，每一章都至少经历了 1.0 至 5.0 的版本，有些语句反复推敲，不下 10 余次。两位译者已经用心了，质量留给读者来检验，希望本书能够为全国人大财经委正在进行的《企业破产法》修改和个人破产入法问题的讨论提供有益的参考。

感谢杰森教授慷慨授权我们翻译出版这部经典之作，并为中文版撰写序言和介绍欧洲最新立法情况，同时还授权我们收入其两篇会议演讲稿。感谢好友刘静副教授为我们与杰森教授牵线搭桥；感谢好友石佳友教授和正在法国求学的张文韵博士为我们提供法语术语方面的翻译指导；感谢法律出版社法治与经济分社社长沈小英老师和高级策划编辑刘晓萌老师为本书的翻译出版提供的大力支持。破产法的学术道路上，问题繁多，道阻且长，正是因为有这么多好友同仁的关心和鼓励，我们才能够更加坚定地走下去。梦想指引我们前行，让我们一起在“致广大”和“尽精微”的破产法治事业征程中继续坚定地走下去吧。

徐阳光

2022 年 7 月 3 日

图书在版编目(CIP)数据

个人破产法比较研究 / (美) 杰森·J. 吉伯恩著 ; 徐阳光, 李丽丽译. -- 北京 : 法律出版社, 2022
(破产法文库)
书名原文: Comparative Consumer Bankruptcy
ISBN 978-7-5197-7105-8

Ⅰ. ①个… Ⅱ. ①杰… ②徐… ③李… Ⅲ. ①破产法—对比研究 Ⅳ. ①D912.290.4

中国版本图书馆 CIP 数据核字(2022)第 182246 号

个人破产法比较研究
GEREN POCHANFA BIJIAO YANJIU

[美]杰森·J. 吉伯恩 著
徐阳光 李丽丽 译

策划编辑 沈小英
责任编辑 刘晓萌
装帧设计 李 瞻

出版发行 法律出版社
编辑统筹 法治与经济出版分社
责任校对 王晓萍 王语童
责任印制 吕亚莉
经　　销 新华书店

开本 A5
印张 7　**字数** 147 千
版本 2022 年 11 月第 1 版
印次 2022 年 11 月第 1 次印刷
印刷 北京中科印刷有限公司

地址:北京市丰台区莲花池西里 7 号(100073)
网址:www.lawpress.com.cn
投稿邮箱:info@lawpress.com.cn
举报盗版邮箱:jbwq@lawpress.com.cn
销售电话:010-83938349
客服电话:010-83938350
咨询电话:010-63939796

书号:ISBN 978-7-5197-7105-8
定价:76.00 元

凡购买本社图书,如有印装错误,我社负责退换。电话:010-83938349